DE L'ENSEIGNEMENT

DE LA

PHILOSOPHIE

A LA FACULTÉ DES LETTRES

(ACADÉMIE DE PARIS),

ET EN PARTICULIER

DES PRINCIPES ET DE LA MÉTHODE

DE M. COUSIN;

PAR A.-J.-H. VALETTE,

DOCTEUR ÈS-LETTRES DE L'ACADÉMIE DE PARIS,
PROFESSEUR DE PHILOSOPHIE AU COLLÈGE ROYAL DE SAINT-LOUIS,
CHEVALIER DE LA LÉGION-D'HONNEUR.

PARIS,

A LA LIBRAIRIE CLASSIQUE DE L. HACHETTE,

ANCIEN ÉLÈVE DE L'ÉCOLE NORMALE,

RUE PIERRE-SARRAZIN, Nº 12.

1828

DE L'ENSEIGNEMENT
DE
LA PHILOSOPHIE
A LA FACULTÉ DES LETTRES.

IMPRIMERIE DE E. DUVERGER,
rue de Verneuil, n° 4.

DE L'ENSEIGNEMENT
DE LA
PHILOSOPHIE
A LA FACULTÉ DES LETTRES
(ACADÉMIE DE PARIS),

ET EN PARTICULIER

DES PRINCIPES ET DE LA MÉTHODE
DE M. COUSIN;

PAR A.-J.-H. VALETTE,

DOCTEUR ÈS-LETTRES DE L'ACADÉMIE DE PARIS,
PROFESSEUR DE PHILOSOPHIE AU COLLÈGE ROYAL DE SAINT-LOUIS,
CHEVALIER DE LA LÉGION-D'HONNEUR.

PARIS,
A LA LIBRAIRIE DE L. HACHETTE,
ANCIEN ÉLÈVE DE L'ÉCOLE NORMALE,
RUE PIERRE-SARRAZIN, N° 12.

1828

AVANT-PROPOS.

L'ÉCRIT que nous soumettons au public n'est, à peu de chose près, qu'une suite d'articles publiés, dès l'ouverture du cours de M. Cousin, à la Faculté des Lettres, dans un journal (*le Lycée*) rédigé par une réunion de professeurs de l'académie de Paris. Après l'orage, pressés du besoin de se rallier, de s'entendre et de mettre toutes les parties de l'enseignement en harmonie avec les besoins de notre époque, ils luttent avec courage, tout à la fois, contre une faction dont les menées, d'abord sourdes et enfin sans déguisement, leur ont fait des blessures qui saignent encore, et contre un parti qui, devenu son auxiliaire sans le savoir, travaille, sous l'influence décevante des principes les plus généreux, à démolir ce qui a été déjà si ébranlé, présumant assez de ses forces pour croire sérieusement qu'il pourra le reconstruire à sa manière, et qui cherche à faire prévaloir l'accusation absurde que nous donnons à la jeunesse des leçons dignes tout au plus du moyen-âge. Chaque professeur dépose dans ce journal ses vues sur la partie de l'enseignement qui le concerne.

Invité à donner mon avis sur les leçons de M. Cousin, je l'ai fait avec conscience et sans aucun de ces ménagemens qu'inspire l'esprit de corps. L'Université de France ne doit pas offrir le spectacle de ces coteries politiques et littéraires, dans lesquelles on prend d'avance la résolution de se vanter les uns les autres, et de mentir impudemment au public. En se produisant avec toute leur indépendance, les membres du corps enseignant perdent sans doute un peu de cette force, fruit de l'esprit d'association et de congrégation, mais ils gagnent d'un autre côté, en montrant clairement au public qu'ils n'ont aucune arrière-pensée; qu'ils n'obéissent à aucun esprit de système, et qu'ainsi, on ne leur reprochera pas de s'entendre pour façonner toute la jeunesse française de la même manière; pour jeter en quelque sorte toutes les ames dans le même moule, et détruire en elles cette aimable variété de dispositions natives, cette heureuse originalité qui, à cet âge, fait le charme de leur caractère, et qui plus tard en fera la force.

Quelques personnes dont l'opinion est une autorité pour nous, témoins des débats que fait naître le cours de M. Cousin, au Collége de France, et dans les divers journaux qui réagissent si puissamment sur l'opinion, nous ont insinué que, nos observations critiques portant sur les leçons que ce professeur vient de réunir sous le titre d'*Introduction à l'histoire de la Philosophie*, nous pourrions être utiles à la jeunesse si nous réunissions aussi nos articles, pour leur donner plus de publicité. Nous avons cédé à ce désir plutôt qu'à aucune espèce de mouvement de vanité. Il n'est pas plus dans nos goûts de nous cacher que de nous montrer.

L'introduction à l'histoire de la philosophie de M. Cousin contient ses *principes* et sa *méthode*. C'est à ces deux choses que nous nous sommes attachés exclusivement, persuadés que, connaître la *méthode* et les *principes* d'un philosophe, c'est l'avoir pénétré tout entier. Nous avons négligé les applications, certains que tous ceux qui s'occupent un peu des matières philosophiques nous comprendront assez, pour les faire eux-mêmes avec assez de facilité.

En exposant avec autant de clarté qu'il nous a été possible les leçons de M. Cousin, avant de les soumettre à l'examen, avons-nous réussi à les faire comprendre? avons-nous signalé, sans confusion aucune, à quoi tiennent les divergences des doctrines qui sont aux prises aujourd'hui et qui doivent influer sur la littérature, sur l'histoire, enfin sur tous les objets de nos connaissances? avons-nous mis le public à même de s'éclairer sur ces grands débats? Nous osons à peine l'espérer. Quoi qu'il en soit, avant de porter un arrêt définitif, si tant est qu'il puisse en être porté un, nous lui recommandons deux conditions :

Se dépouiller de toute espèce d'intérêt à ne voir les choses que d'un seul côté.

Se persuader que si l'obscurité de certaines questions vient le plus souvent de la manière avec laquelle elles sont traitées, elle peut naître aussi d'un défaut de méditation ou de l'absence d'études préliminaires.

Si nous n'avions pas voulu courir au plus pressé, nous aurions désiré avoir le temps de châtier encore notre style. L'expérience de l'enseignement nous a mille fois convaincus qu'en philosophie surtout on ne comprend bien sa propre pensée que lorsqu'on est parvenu à la posséder sous l'expression la plus simple, la plus transparente. Nous l'aurions désiré d'autant plus, qu'il nous semble que, sous ce rapport et à quelques rares exceptions près, il y a décadence, et qu'au train que vont les choses, la langue se perdrait entièrement si l'imprimerie n'était pas là pour nous empêcher de rétrograder vers la barbarie.

DE L'ENSEIGNEMENT
DE
LA PHILOSOPHIE
A LA FACULTÉ DES LETTRES.

Depuis long-temps, écrire, parmi nous, sur ce qu'on appèle philosophie, c'est prendre une peine à peu près inutile et parler dans le désert. Ici, sont des mathématiciens, des physiciens, des médecins qu'on voit sourire au seul mot de philosophie, et qui, habitués à ne juger des choses que par leurs résultats, ne sont nullement convertis par toutes les considérations qu'on leur offre sur l'utilité, sur les nombreux rapports de la philosophie avec les diverses branches des connaissances humaines. Là, vous trouvez un parti assez nombreux de théologiens qui ne conçoit pas quel peut être le but d'une *science*, ou *d'une méthode* (1), si l'on veut, qui a pour objet la recherche de la *vérité*, lorsque, à l'entendre, la *vérité* est trouvée, connue, et qu'il n'y a plus rien à chercher. Reste enfin un public, un parterre qui est indifférent à tous ces débats, ou qui, s'il y prend part, ne sait pas encore sous quels drapeaux passera

(1) La philosophie n'est guère qu'une méthode. (M. Cousin, leç. 1re.)

la victoire. Car, en supposant que les philosophes triomphent, et que décidément s'établisse la croyance que la philosophie est quelque chose, et qu'on a eu tort de lui refuser le respect qu'elle réclame, il restera encore un grand débat à terminer entre les philosophes : quelle sera la philosophie qui détrônera toutes les autres ? Peut-être, lorsque le combat s'engagera enfin sur ce terrain, la lutte sera plus longue qu'on ne pense. Tout me porte à le croire, et l'histoire de la philosophie, et ce qui s'est passé sous mes yeux, depuis qu'il y a des cours de philosophie à la faculté des lettres de Paris.

Deux questions fondamentales et liées l'une à l'autre, dominent toutes les questions particulières dont l'ensemble forme ce qu'on est convenu d'appeler *philosophie*.

1° Quelle est l'*origine* de nos connaissances ou de nos *idées?*

2° Quel est le fondement de la *certitude* des connaissances humaines, ou, en d'autres termes, quelle est la raison dernière de nos jugemens.

Faites abstraction des nuances souvent fugitives qu'offrent les doctrines des philosophes qui se rattachent à la même école; oubliez un moment les qualités accidentelles pour ne voir que le fond et l'essentiel; et vous vous convaincrez facilement que, selon qu'on admet telle ou telle solution pour le premier problème, on est, comme on le dit aujourd'hui, *spiritualiste* ou *sensualiste*; pour Platon ou pour Aristote; pour Descartes ou pour Bacon; pour Leibnitz ou pour Locke; pour Kant, pour l'école écossaise ou pour Condillac. On admet qu'il est possible à l'intelligence humaine d'apercevoir des réalités qu'on chercherait en vain dans l'*expérience externe* ou *interne*, aussi invisibles aux *sens* qu'à la *conscience ou sens intime*, à la vue *du dedans* qu'à la vue *du dehors*; ou bien, on se décide pour la doctrine qui prétend trouver dans les faits, dans l'*expérience*, tout ce qu'il est possible à l'homme de connaître. Il n'est pas inutile de remarquer que si les uns entendent par *expérience*, ou la *sensation* seulement avec toutes ses conséquences (1), ou bien la *sensation* et d'autres manières de sentir, telles que le *sentiment des opérations de l'ame*, le *sentiment des rapports*, et le *sentiment moral* essentiellement distincts de la sensation (2); quelques philosophes qui n'aiment pas à trop s'écarter des notions vulgaires, croient qu'on peut entendre aussi par *expérience*, les *faits*, les *qualités*, les *rapports* observables hors de nous, par les *sens*; en nous, par la *conscience*.

Partez de l'*expérience*, du *sentiment*, disent les *sensualistes;* attachez votre attention à vos diverses manières de sentir, et vous les transformerez en *idées sensibles*, en *idées des opérations de l'ame*, en *idées de rapports*, en *idées morales*.

Par un travail ultérieur, ces idées d'abord *indi-*

---

(1) Les purs Condillaciens.
(2) Laromiguière et son école.

viduelles, se généraliseront, se classeront, se distribueront en *genres* et en *espèces*, et vous aurez ainsi tous les termes que vous assemblez ou que vous disjoignez dans vos discours; vous vous élèverez aux idées les plus générales du *vrai*, du *juste*, du *beau*, du *saint*, etc.; vous vous convaincrez de plus en plus qu'il a suffi à l'auteur des choses de donner à l'homme la *capacité de sentir*, la *faculté d'agir sur ses sentimens* et la *parole*, pour le rendre capable d'atteindre tous les objets de l'intelligence dans son plus haut développement.

Ceux qui entendent *l'expérience*, comme le vulgaire, ne raisonneraient pas autrement, si on leur permettait de modifier un peu ce langage et de dire : partez de *l'expérience*, des *faits*, des *rapports*, des *réalités* observables en vous, et hors de vous, et vous connaîtrez ainsi les *corps* et leurs *qualités*; l'*ame* et ses *opérations*; les *rapports*, et la *moralité* des actions. Par un travail ultérieur, ces connaissances, d'abord individuelles, se généraliseront, etc., etc. — Vous vous convaincrez de plus en plus qu'il a suffi à l'auteur des choses de donner à l'homme non pas seulement la *capacité de sentir*, la *faculté d'agir* et la *parole*; mais la *capacité de sentir*, la *faculté de connaître* (l'entendement, l'intelligence), la faculté de *vouloir* et la *parole*, pour le rendre capable d'atteindre, etc., etc.

En partant de *l'expérience*, vous ne trouverez, disent les *spiritualistes*, que des données *contin-*

gentes, variables, déterminées. Vous aurez beau les tourmenter, elles ne changeront pas de nature, et avec elles, vous ne ferez jamais le *nécessaire, l'invariable, l'absolu.* Soyez conséquens : niez hardiment que l'intelligence humaine puisse aborder de semblables réalités, exprimées cependant dans toutes les langues; ou reconnaissez qu'il vous est impossible de les faire naître de l'*expérience.*

J'ai vu régner tour à tour à la Faculté des lettres de Paris, les opinions les plus opposées. J'ai entendu M. Laromiguière dire devant le nombreux auditoire qui se pressait pour l'entendre, que toutes les écoles filles de Platon s'étaient trompées sur la solution de la question fondamentale (l'origine des idées); que les écoles filles d'Aristote s'étaient moins trompées à la vérité, mais que cependant il ne pouvait admettre la conclusion à laquelle elles étaient arrivées, que toute nos idées viennent des *sens* ou des *sensations.*

Enfin, j'ai entendu, à peu près dans le même temps, M. Royer-Collard démontrer « que les éco-
« les de philosophie, qui se combattent sur presque
« tout le reste, s'accordent en ce seul point, qu'el-
« les sont toutes *idéalistes ;* que l'*idéalisme* est con-
« tenu dans toutes les doctrines modernes et qu'il
« en sort nécessairement; que les philosophes ont
« créé, sous le nom d'*idées*, des êtres chimériques
« auxquels ils ont imposé la fonction de représenter
« les corps et leurs modifications diverses ; qu'ainsi,

« les êtres étant mis en problème, il ne restait plus
« aucune force aux liens qui les unissent. »

Dans la même leçon, M. Royer-Collard disait encore : « Ce n'est pas le monde qui a été mis en péril
« par les philosophes, c'est plutôt l'honneur de la
« philosophie qui se décrédite un peu et qui sou-
« lage le vulgaire d'une partie du respect qu'elle
« exige de lui, quand elle enfante des paradoxes
« marqués au coin de la folie. » Il faisait observer
que « les philosophes avaient ainsi réduit nos moyens
« de connaître à la *conscience*, et la certitude de la
« connaissance au témoignage de cette faculté; et
« que par là ils avaient anéanti l'autorité de la *per-*
« *ception* (1), et confondu avec la pensée elle-même
« les réalités extérieures qui en sont l'objet; qu'on
« ne divisait pas ainsi l'homme; qu'on ne faisait
« pas au scepticisme sa part; et que, dès qu'il avait
« pénétré dans l'entendement, il l'envahissait tout
« entier. » M. Royer-Collard en concluait « que la
« morale publique, que l'ordre des sociétés et le
« bonheur des individus étaient engagés dans le
« débat entre la vraie et la fausse philosophie sur la
« réalité de la connaissance. »

Les *essais* du docteur Reid n'ont pas d'autre objet que de montrer que toutes les théories sur les
facultés de l'ame sont fondées sur cette supposition
gratuite admise de tout temps par les philosophes,

---

(1) L'école écossaise appelle *perception* la *connaissance immédiate* des substances corporelles et de leurs qualités.

que notre pensée n'a pas pour objet immédiat les *réalités* elles-mêmes, mais les *idées* de ces *réalités*. Ces *idées* s'offrent sous des dénominations différentes dans les ouvrages des philosophes anciens et modernes. Ici, elles sont des *types*, des modèles éternels, incréés, impérissables, de tout ce qui est (1); elles sont les objets de l'entendement divin qui les *voit* de toute éternité; elles ont cependant une existence indépendante de cette *vision* ou *aperception* (2), soit qu'on les mette *hors* de Dieu, ou *en* Dieu (3); soit qu'on les regarde comme un attribut de la substance divine, ou comme une autre substance coéternelle. Ce n'est pas en contemplant les choses créées que l'homme peut apercevoir ces modèles. Il lui a été donné de les connaître avant que son intelligence ne fût unie à un corps, en punition d'une première faute. Depuis, pour s'en souvenir, il n'a qu'un seul parti à prendre, c'est de s'efforcer de perdre de vue ce monde, qui n'offre que des apparences trompeuses, source de mille passions qui altèrent la pureté de la lumière primitive qui ne luit que dans les idées; il faut mourir aux sens, aux choses sensibles, et rentrer continuellement en soi-même pour retrouver ce qu'on a oublié; philosopher, enfin, c'est apprendre à mourir. Là, les *idées* ne sont que des *espèces intelligibles* objet de l'entendement.

---

(1) Pythagore et Platon.
(2) Opinion des premiers Platoniciens. (d. Reid.)
(3) École d'Alexandrie.

abstraites des *fantômes* objets de l'imagination et de la mémoire; fantômes qui sont eux-mêmes abstraits des *espèces sensibles*, objets des sens. Il faut donc continuellement prendre terre, s'appuyer sur l'*expérience*, si on veut s'élever jusqu'aux *espèces intelligibles*.

Aristote avait très bien saisi la différence qu'il y a entre *entendre* simplement un terme général, le mot *cheval*, par exemple, *imaginer* un cheval, et *voir un cheval* qui serait sous nos yeux. Dans le premier cas, l'objet de l'esprit n'a rien de particulier; dans le second cas et dans le troisième, nous pensons à un être singulier et déterminé; seulement, il semble que l'objet de l'*imagination* est moins composé que l'objet qui agit sur les sens. Aussi, pour les péripatéticiens, l'*espèce intelligible* objet de l'*intellection pure*, était-elle plus épurée que le *fantôme* objet de l'*imagination*, et celui-ci plus épuré encore que l'*espèce sensible* objet des sens. Il a été facile de prouver que l'*espèce sensible* était une hypothèse, mais il est bon de la rappeler, pour comprendre la maxime *nihil est in intellectu quod priùs non fuerit in sensu*. Traduisez *sensu* par *expérience*, et vous aurez si vous admettez les *espèces sensibles* : les objets de l'*entendement pur* ont été primitivement dans les apparences qui se détachent des objets extérieurs pour entrer par les sens. — Traduisez *sensu* par *sensation*, vous vous rapprocherez de l'école de Condillac. — Par *sentiment*, pourvu que vous distinguiez quatre manières de sentir différentes de nature, vous serez disciples de M. Laromiguière. — Enfin, si vous traduisez *sensu* par *vue* du *dehors* et *vue* du *dedans* et que vous donniez pour objet à ces deux espèces de vues les qualités du corps et de l'ame et leurs rapports, vous entendrez *expérience,* comme l'entend la grande majorité de l'espèce humaine.

Dans la philosophie moderne, les *types*, les *espèces intelligibles*, les *fantômes*, les *espèces sensibles*, ne sont plus connus que sous le nom d'*idées*, qui tantôt sont confondues avec la *pensée* (1), et tantôt données comme objet à la *pensée*. Pour les uns, la *pensée* est essentiellement distincte du *sentiment* (2). Pour d'autres, *connaître* et *sentir* ne diffèrent que comme diffèrent *sentir confusément* et *sentir distinctement* (3); la différence, enfin, n'est pas une différence de *nature*. On croit sérieusement définir l'*idée* en disant qu'elle n'est pas autre chose que *la forme de chacune de nos pensées*, ou *une sensation*, ou la *copie d'une impression;* ou un *sentiment distinct*. Les philosophes ne diffèrent pas moins sur *l'origine* et la *cause* des idées. Ici, elles sont *adventices, factices* ou *innées* (4): ou bien elles sont en nous comme ces étincelles cachées dans les veines du caillou, qui n'attendent que le choc pour éclater; elles se produisent comme

(1) Nous entendons ici par *pensée*: cognition, intellection.
(2) École écossaise.
(3) Laromiguière.
(4) Descartes.

de soudaines illuminations occasionnées seulement par l'expérience(1). Là, on affirme qu'il n'en est aucune qui ne sorte de l'expérience ou du sentiment(2). Toujours est-il qu'elles sont, pour toutes les écoles, les seules réalités qu'il nous soit possible de connaître ou d'apercevoir. Le docteur Reid remarque que les *idées*, ainsi entendues, ont produit le scepticisme le plus absolu ; aussi, il les attaque, à chaque page de son grand ouvrage sur les *puissances de l'esprit humain*; et s'il s'est trompé, une grande partie de sa doctrine porte à faux.

Est-il bien difficile d'inférer de ces observations que la question de *l'origine des idées* est ou n'est pas une question, selon ce qu'on entend par *idée* : si vous entendez par *idée* ce qu'entendent presque tous les philosophes, il n'y a pas d'origine à chercher à une chose qui n'existe pas : on peut chercher les conditions du développement de la *capacité de connaître*, de *l'entendement*, mais non pas l'origine de cet *être hypothétique* appelé *idée*, que les philosophes donnent pour objet à l'entendement.

Ces débats, long-temps assoupis, renaissent dans les chaires les plus élevées de l'enseignement : M. Cousin a repris ses leçons, et l'affluence de ses auditeurs montre clairement au pouvoir qui l'a rendu à ses travaux de prédilection, que ce n'est pas toujours en imposant silence à un professeur qu'on dé-

(1) Leibnitz.
(2) Condillac, Laromiguière.

crédite ses doctrines. M. Cousin est heureusement placé pour influer sur l'avenir de l'enseignement de la philosophie en France, et donner à ce mouvement général des esprits, qu'on peut comprimer, mais qu'on n'affaiblit pas, une direction tout à la fois sage et ferme. Depuis long-temps, on se plaint du peu d'unité qu'offre cette partie de l'instruction publique. Les théories qui sont en faveur aujourd'hui peuvent tomber demain, tant que les professeurs ne chercheront pas à s'entendre sur les deux questions capitales que nous avons signalées, et dont la solution, une fois convenue, ne laisserait que des nuances très légères dans la solution des questions particulières qui font la matière de l'enseignement. M. Cousin peut mieux que personne réaliser cette unité si désirable, et qui seule peut marquer la science d'un caractère imposant. Tant que des doctrines philosophiques seront concentrées dans un petit nombre d'individus, les préjugés qui planent sur l'enseignement de la philosophie conserveront toute leur force. C'est uniquement pour l'exciter à tenter une si noble entreprise, que nous nous permettons quelques observations sur son enseignement et sur sa méthode. Par la nature de nos travaux, beaucoup plus occupés des détails que de l'ensemble des doctrines philosophiques, *manœuvre* (1) en quelque sorte de la philosophie, peut-être, par cela même que nous en-

---

(1) *Manœuvre*. C'est ainsi qu'on a qualifié tous ceux qui ne s'élèvent pas jusqu'à la *philosophie transcendante*.

tretenons des rapports plus fréquens avec la jeunesse qui doit un jour suivre les leçons de M. Cousin, sommes-nous assez bien placés pour savoir quelles sont les formes qu'il faut choisir, les points sur lesquels il faut insister, pour que quelque chose de net et de précis puisse facilement pénétrer dans les esprits et y laisser des traces durables. Si les études philosophiques demandent l'habitude de la réflexion, elles commandent surtout une sorte de passion pour la vérité, et cette indépendance d'esprit qu'on n'acquiert qu'en faisant des efforts constans pour se dépouiller de tout penchant à ne regarder les choses que d'un seul côté, afin d'y apercevoir ce qu'on désire. Heureux de trouver en nous la conscience de ces dispositions, nous sommes certains de ne rien dire qui ne soit dicté par ce besoin de vérité et de lumière que nous mettons en première ligne, et par le désir de voir régner enfin dans nos écoles cette unité de vues et de sentimens que doit certainement produire la philosophie, si elle est digne du titre qu'elle prend.

M. Cousin se propose d'introduire ses auditeurs dans la Grèce, et de faire connaître la philosophie platonicienne(1). Pour connaître cette philosophie, il faut connaître ses rapports avec les systèmes qui l'ont précédée ou suivie ; enfin, il faut la rattacher à l'époque générale de l'histoire de la philosophie à

---

(1) Depuis, M. Cousin s'est proposé la philosophie du dix-huitième siècle.

laquelle elle appartient, et qui n'est elle-même que la domination d'un seul grand système. Ce qui est vrai d'un système est également vrai des différentes époques de l'histoire de la philosophie. La connaissance d'un seul des anneaux de la chaîne que forment ces différentes époques, prescrit donc de les étudier à peu près tous. De là, la nécessité d'une revue générale de toutes les époques de l'histoire de la philosophie, comme introduction à l'exposition complète de la philosophie platonicienne (1). «Tous « les problèmes, dit M. Cousin, que peut se proposer « la pensée humaine ayant été successivement soule-« vés par les différens siècles et les différentes écoles, « seront ainsi amenés à cette chaire. Là, sur les hau-« teurs de la science et de l'histoire, le public qui ne « me connaît plus et qui veut savoir avant tout où « je compte le conduire, verra plus à découvert mon « but, mes desseins, et pour ainsi dire cette étoile « philosophique qui doit nous servir de lumière et « de guide dans la vaste carrière que nous avons à « parcourir ensemble. Ainsi, pour l'an prochain, « Platon et la Grèce, et pour cette année *l'humanité* « *tout entière* et *l'histoire générale de la philosophie.*»

Il est impossible que de si magnifiques promesses n'agitent pas tout un auditoire, et ne le disposent pas à écouter avec avidité, avec passion, le profes-

(1) Et par conséquent à l'exposition de la philosophie du dix-huitième siècle.

seur qui se propose de dérouler de si grandes choses. Il y a là, déjà, un bien incontestable. Un tel début éveille dans la jeunesse le goût des études sérieuses. Ajoutez que le ton solennel et comme inspiré de M. Cousin, la lenteur de sa parole, et tout ce qui paraît déceler une conviction profonde, donnent à ses leçons quelque chose d'imposant qui appèle l'attention. Les esprits simples qui sont persuadés que la méditation des divers systèmes des philosophes nous conduit à penser que ce qu'on appèle *philosophie*, dans l'état actuel des connaissances humaines, se réduit à très peu de chose, trouveront peut-être que ce début n'est pas assez modeste. Pourquoi, diront-ils, annoncer l'*humanité toute entière*, lorsque bientôt vous serez réduit à avouer combien peu nous savons, sur la *nature*, l'*origine* et la *fin de l'homme?* ne vaudrait-il pas mieux être plus sobre dans vos promesses, et aller ensuite au-delà de nos espérances? Nous ne prononcerons pas encore sur la justesse de ces reproches. Nous savons que chacun a son caractère, son tour d'esprit, sa manière de s'affecter et de dire. Cependant, que M. Cousin se persuade de plus en plus que l'objet le plus important de sa mission n'est pas seulement d'être de temps en temps éloquent sur quelques détails, mais de laisser dans les esprits une doctrine qui ne soit ni sentencieuse ni vague, et dont l'enseignement puisse faire son profit. Après avoir tracé le plan de son cours, M. Cousin s'attache à prouver que l'histoire de la philosophie n'est pas un registre d'imaginations arbitraires, et à démontrer que la philosophie est un besoin réel et un produit nécessaire de l'esprit humain.

L'énumération des besoins fondamentaux de la nature humaine, et l'ordre dans lequel nous concevons qu'ils ont dû se produire et se développer, nous font penser, qu'après avoir appliqué successivement ses facultés à la connaissance de l'*utile*, du *juste*, du *beau* et du *saint*; après avoir créé, en quelque sorte, un monde nouveau, d'après les idées que lui ont suggérées les lois de la nature, la grandeur et la magnificence de ses ouvrages, ses rapports avec les êtres comme lui sensibles, intelligens et libres; l'homme a dû se replier sur lui-même pour étudier cette intelligence et cette liberté avec lesquelles il avait conçu et créé un monde nouveau, où tout porte l'empreinte de sa personnalité; de là, la philosophie, dernier et noble besoin de cette curiosité sans cesse active, qui ne s'arrête que lorsqu'elle est parvenue à connaître les lois qui gouvernent l'intelligence elle-même. « Condamné
« à ignorer comment se forme son intelligence,
« l'homme, dit M. Laromiguière, ne consentirait ja-
« mais à lui donner une confiance entière; et alors
« même qu'elle pourrait lui dire le secret de l'u-
« nivers, mais en se taisant sur le secret de sa
« propre nature, il oserait se plaindre encore, plus

« jaloux d'être admis à cet unique mystère, qu'am-
« bitieux de pénétrer tous les autres. »

L'histoire, dit M. Cousin dans sa seconde leçon, confirme ce résultat de la psychologie (1). Ces élémens de la nature humaine, que l'individu trouve dans la *conscience* de lui-même, l'histoire, qui n'est que le développement progressif de l'espèce humaine dans l'espace et le temps, les offre aussi à l'observateur; avec cette différence que, si la *conscience* est un instrument d'une délicatesse extrême, un microscope attaché à des infiniment petits, à des faits fugitifs, obscurs et insaisissables, l'histoire les reproduit et les manifeste dans une lumière qui frappe tous les regards. Abstraction faite des temps que la critique historique ne peut atteindre, et qu'il n'est possible d'éclairer de quelque lumière qu'en partant de ce que nous savons avoir existé, il y a quatre époques à remarquer dans ce développement progressif de l'espèce humaine, ou dans la civilisation : l'*Orient*, la *Grèce* et *Rome*, le *moyen âge*, et les *temps modernes*. Or, la philosophie n'a manqué à aucune époque de l'humanité. Dans le monde oriental elle est enveloppée avec tous les autres élémens de la nature humaine; c'est l'enfance de l'espèce

---

(1) Nous n'avons pas besoin d'avertir le lecteur qu'avant toute critique nous sommes souvent forcés d'abréger beaucoup la leçon de M. Cousin ; seulement nous cherchons autant que possible à nous servir de ses expressions, pour ne pas altérer sa pensée. La traduction est fidèle, on peut nous croire.

humaine, image de l'enfance organique de l'individu. Rien n'est fortement prononcé, distinct, mais tout existe. La philosophie de l'Orient devait donc subir la condition commune de tous les autres élémens de la nature humaine, être enveloppée dans tous, et particulièrement dans celui qui dominait tous les autres, c'est-à-dire l'élément religieux, et il n'a point été donné à cette première époque de la civilisation de posséder la vérité sous cette forme libre et philosophique qui était réservée à la seconde. — Le monde grec et romain, dont les racines sont absolument orientales, nous offre la philosophie sous une phase nouvelle. Il fallait que le berceau du monde, que l'Orient fût ferme et fixe, pour pouvoir porter tous les développemens ultérieurs de la civilisation. Ce qui était enveloppé était destiné à se développer, et la Grèce, fille d'un progrès, est nécessairement progressive. Les élémens de la civilisation, en se développant, tendent à se séparer, et sans pouvoir se passer les uns des autres, l'industrie, les lois, les arts, la religion marchent à l'indépendance. La philosophie suit et doit suivre nécessairement, en Grèce, la même marche que tous les autres élémens de la civilisation. D'abord mêlée à la religion, elle s'en sépare peu à peu, jusqu'à ce qu'enfin, dans la personne de Socrate, qui est le représentant de l'idée de la philosophie chez les Grecs, elle se montre entièrement indépendante de l'industrie, des lois, de l'art, de la religion. Socrate n'enseigne point telle ou telle vérité ; il enseigne à douter ; il secoue l'esprit et le féconde par l'examen. Se rendre compte, être clair pour soi, savoir ce qu'on dit et ce qu'on pense, tel est le but de Socrate. Ainsi, il a produit un mouvement immense, un mouvement de réflexion, et comme la réflexion va bien ou mal, sans cesser d'être ce qu'elle est, l'esprit de Socrate a enfanté une multitude de sectes, qui, avec des doctrines opposées, se regardent toutes comme filles légitimes de Socrate, parce que leurs fondateurs ont tous en effet cette unité, qu'ils réfléchissent, qu'ils font un libre usage de leur pensée. Les philosophes même qui défendent le paganisme expirant, et combattent avec Julien, sont les disciples de ces hommes qui sortaient de l'école de Socrate, qui avaient rejeté par la réflexion ce que ceux-ci admirent encore par la réflexion. Dans l'histoire moderne, il y a aussi deux époques, et il n'y en a que deux : l'époque d'enveloppement et l'époque de développement. Le moyen-âge n'est pas autre chose que la formation pénible, lente et sanglante de tous les élémens de la civilisation moderne. Tous les élémens de la nature humaine y coexistent, comme dans l'Orient et la Grèce, mais mal distincts, et confondus dans l'élément dominant du moyen-âge, le christianisme, qui leur imprime à tous son caractère. Il commence l'industrie, il forme l'état, l'art et la philosophie de ce temps, célèbre sous le nom de *scholastique*. Cette philosophie, qui s'exerce dans un cercle que la pensée n'a pas tracé, et qu'elle n'ose dépasser, n'est pas encore la pensée dans cette liberté absolue qui caractérise la philosophie proprement dite. Enfin, Descartes paraît, et dès l'année 1637, la réflexion libre, et élevée à la hauteur d'une méthode, se dégage entièrement des liens qui arrêtaient son essor. La gloire de Descartes est d'avoir mis dans le monde moderne l'esprit philosophique qui a déjà produit et qui doit produire encore mille et mille systèmes, et qui est supérieur aux procédés de l'esprit antique, de toute la supériorité de notre civilisation sur celle de la Grèce. Cet esprit philosophique ne peut pas ne pas suivre une marche progressive; son émancipation est aujourd'hui complète; il règne même dans la philosophie de notre âge une sorte de scepticisme apparent, un esprit négatif qui trahit l'enfance de l'art de réfléchir. Les tracasseries du jour contre tout ce qu'il y a de plus saint et de plus vénérable, feront place peu à peu au véritable esprit de notre époque. Nous déposerons ces habitudes étroites et pusillanimes dans un long usage de la liberté. Quand, au lieu d'être affranchis, nous serons des hommes libres, il ne nous viendra pas à l'esprit de tourner cette liberté, dont nous aurons la conscience pleine et entière, contre quoi que ce soit de noble et de grand. Le nombre des penseurs, des esprits libres s'accroîtra, s'étendra sans cesse, jusqu'à ce qu'il devienne la majorité de l'espèce humaine.

Telle est l'analyse des deux premières leçons de M. Cousin. Il est impossible de n'y pas remarquer des vues élevées, et, dans la manière, quelque chose de neuf, d'original. Nous avons du plaisir à lui rendre cette justice; mais qu'il nous permette de lui emprunter un peu de cette franchise qui, dédaignant des *précautions de modestie, leur préfère la droiture de l'intention,* et de lui dire sans détour ce qui nous paraît à désirer dans ces deux leçons pour le fond et pour la forme.

On y trouve çà et là des assertions hasardées, des rapprochemens qui auraient besoin de preuves, celui, entre autres, qui nous montre les philosophes qui combattirent avec Julien, admettant par la réflexion ce paganisme dont Socrate s'était moqué et qu'il avait rejeté par la réflexion. M. Cousin nous dira-t-il qu'il est forcé d'aller un peu vite pour nous donner, en peu de temps, *l'humanité tout entière et l'histoire générale de la philosophie?* Nous doutons que ses lecteurs admettent cette excuse.

Il a voulu *absoudre la philosophie,* ici, par l'analyse philosophique, là, par l'histoire. Il nous semble qu'il a parlé plutôt de l'*esprit philosophique* que de la *philosophie;* et cependant, c'est de la philosophie elle-même qu'il voulait nous entretenir. Il a fort bien démontré que cet esprit philosophique, qui n'est que l'esprit de discussion et d'examen, n'avait manqué à aucune époque de l'humanité. Qui peut douter en effet que l'homme n'ait toujours cherché plus ou moins à se rendre raison des choses? *Pourquoi* est le premier mot qui sort de la bouche d'un enfant. Quelqu'un, m'a-t-on dit, fatigué ou embarrassé par la fréquence des questions et des *pourquoi* d'une petite fille, avait fini par lui répondre qu'il ne fallait plus demander *pourquoi*. Et pourquoi, reprit-elle, ne faut-il plus demander pourquoi? Voilà, non pas la *philosophie*, mais le commencement de cet *esprit philosophique* qui doit faire naître plus tard ce que nous appelons philosophie; esprit philosophique, esprit de liberté, de recherche et de lumière, que la philosophie proprement dite doit perfectionner à son tour et soumettre à des lois. Ce qu'on peut dire de l'esprit philosophique ne s'applique donc pas également à la philosophie. Celle-ci, selon un parti assez nombreux de théologiens, à la tête desquels se trouve l'abbé de La Mennais, n'est qu'un ensemble de rêveries, dont le dernier mot est ou la négation de toute vérité, ou le doute le plus absolu. Aux yeux des savans exclusivement occupés de l'interprétation de la nature, la philosophie ne mérite pas encore de prendre rang parmi les sciences qui ont l'homme pour objet, et nous doutons que l'apologie de M. Cousin fasse une grande impression sur leur esprit. Si vous voulez, diront-ils, que nous fléchissions le genou devant la philosophie, il ne

vous suffit pas de l'appeler fastueusement *la lumière des lumières, l'autorité des autorités ;* dites-nous seulement ce qu'elle est, quelles sont les vérités qui lui sont propres? Nous direz-vous qu'elle est la *réflexion en grand?* La *réflexion* est bien l'instrument avec lequel il sera peut-être possible d'arriver à la connaissance de l'homme intellectuel et moral, mais elle n'est pas plus cette connaissance que l'*observation externe* n'est la *physique,* la *chimie* et les autres branches des sciences naturelles. Nous direz-vous encore que son objet est de *convertir les vérités en idées ,* quel est le *culte des idées?* Qu'entendez-vous par *convertir des vérités en idées?* Qu'entendez-vous par *idée?* Ne savez-vous donc pas que ce mot que nous comprenons parfaitement dans la langue commune, est tout ce qu'il y a de plus obscur et de plus équivoque dans la langue philosophique, au point que le docteur Reid, et l'école écossaise, à laquelle un journal (1) renvoyait naguère la jeunesse qui veut se préparer à vous comprendre, nous défendent presque de nous servir de cette expression (2). Pour éclaircir un peu votre définition ajouterez-vous : « Les idées sont la pensée sous la forme
« naturelle : elles ont cela de propre d'avoir un sens
« immédiat pour la pensée, et pour être comprises,
« elles n'ont pas besoin d'autre chose que d'elles-

---

(1) *Le Globe.*
(2) *Essays, on the Powers on the human mind.* — Chap. 1, explication of words, page 38.

« mêmes : elles ont des degrés divers, mais à leur
« plus bas degré, comme à leur plus haut, elles
« conservent toujours leur caractère qui est d'être
« la forme adéquate de la pensée, c'est-à-dire la
« pensée elle-même, se comprenant et se saisis-
« sant.—La pensée qui ne se comprend qu'avec
« elle-même, comme au fond elle ne comprend
« jamais qu'elle-même ; qui ne se comprend bien
« que lorsqu'après s'être appliquée aux divers ob-
« jets de la nature, elle se ressaisit elle-même ;
« qui en se prenant elle-même pour objet de sa
« pensée, se saisit alors sous sa forme essentielle. —
« Ces idées, qui sont les objets propres de la philo-
« sophie, ne représentent absolument rien qu'elles-
« mêmes. Il implique que l'invisible représente quel-
« que chose ; elles sont intelligibles, et il n'y a
« d'intelligibles qu'elles. »

Nous avons long-temps médité ces propositions ;
nous avons cherché des explications dans les fragmens philosophiques de M. Cousin, et, après
quinze ans d'une étude assidue des divers systèmes
des philosophes anciens et modernes, nous avouons
franchement qu'il nous a été impossible de les
éclairer de quelque lumière. Et cependant, ces passages portent sur le point capital des leçons de
M. Cousin, puisqu'ils ont pour objet de nous faire
connaître ce qu'il entend par philosophie. Nous
dira-t-on que, prévenus en faveur de telle ou telle
doctrine, nous ne pouvons pas voir clair dans les

paroles de M. Cousin? Si nous pouvions soupçonner que telle est la cause de notre aveuglement, nous ferions de nouveaux efforts pour étouffer en nous tout sentiment qui ne serait pas l'amour de la vérité : mais, depuis long-temps, nous avons la conscience pleine et entière que sous ce rapport nous n'avons plus rien à faire. Nous n'adoptons aucun système exclusivement ; nous nous étudions nous-mêmes, persuadés que la science de l'homme intellectuel et moral n'est pas encore faite au gré de tous les esprits ; nous ajoutons à nos propres observations les observations des philosophes qui nous ont précédés et de nos contemporains ; et tout livre, quel que soit son auteur, qui offre un fait, une vérité clairement énoncée, devient par cela même l'objet de nos méditations. Nos lecteurs nous pardonneront cette courte digression qui nous a paru nécessaire. Revenons à M. Cousin.

Comment ne s'est-il pas dit qu'un pareil langage était peu propre à réhabiliter la philosophie dans l'esprit des *savans* et des *théologiens?* Les uns ne feront qu'en rire ; les autres prendront la chose un peu plus au sérieux. Ils ne lui sauront aucun gré du respect avec lequel il parle du christianisme. Ils ne se rappèleront que le passage dans lequel il dit que la philosophie, « heureuse de voir les masses, le peuple,
« c'est-à-dire, à peu près le genre humain tout entier,
« entre les bras du christianisme, se contente de
« lui tendre doucement la main et de l'aider à s'élever

« plus haut encore. » Sans doute, M. Cousin n'a pas voulu dire autre chose que ce qu'on trouve dans les ouvrages les plus orthodoxes, que la raison nous conduit à la foi, mais les expressions dont il se sert ne sont pas celles qu'il fallait choisir pour ramener la paix. Gardons-nous, diront les théologiens, d'accepter une semblable alliance; le christianisme ne serait bientôt plus qu'un de ces milliers de systèmes philosophiques incompréhensibles; il ferait bientôt nuit dans la société, et, sans le secours de la Providence, nous lutterions en vain pour dissiper tant de ténèbres (1).

M. Cousin répondra-t-il qu'il expliquera plus tard ce qu'il peut y avoir de nébuleux dans ces deux premières leçons? D'abord, la lecture de celles qui suivent laisse malheureusement beaucoup à désirer sous ce rapport; et ensuite, quelle nécessité y a-t-il de débuter par les ténèbres, pour donner ensuite le plaisir de jouir de la lumière? Une semblable méthode est anti-philosophique et essentiellement funeste à l'enseignement de la philosophie. Dans l'état actuel des choses, il ne s'agit pas d'agiter les esprits, mais de produire une doctrine positive sous des expressions tellement transparentes, que nous puissions la montrer hardiment à nos amis et à nos ennemis. Les passions généralisent avec une effrayante rapidité, et M. Cousin aurait beau s'être

(1) Voir ce qu'on écrit depuis quelques jours dans la *Gazette de France* et la *Quotidienne*.

montré chrétien, ami des sciences naturelles, des arts et de l'industrie, s'il ne parlait avec plus de clarté, il suffirait de quelques passages de ses leçons pour faire dire hautement : Voilà la *philosophie*, et son enseignement dans l'Université de France.

Les savans surtout seraient bientôt nos plus redoutables adversaires ; ils nous diraient avec Euler, (Lettres à une princesse d'Allemagne) : « Dans « cette philosophie (celle de Volf) tout est esprit, « fantôme, illusion ; et, quand nous autres nous ne « pouvons pas comprendre ces mystères, c'est notre « stupidité qui nous tient attachés aux notions gros-« sières du peuple. » Ils se rappèleraient ces paroles de Condillac : « J'essayai en 1746 de donner la « génération des facultés de l'ame. Cette tentative « parut neuve et eut quelque succès ; mais elle le « dut à la manière obscure dont je l'exécutai. Car « tel est le sort des découvertes de l'esprit humain : « le grand jour dans lequel elles sont exposées les « fait paraître si simples, qu'on lit des choses dont « on n'avait aucun soupçon et qu'on croit cependant « ne rien apprendre (1). »

(1) Voir les leçons du savant M. Daunou, qui assurément n'est pas *matérialiste*, puisqu'il reproche à la philosophie allemande de n'apercevoir dans l'histoire qu'un *enchaînement de faits nécessaires*, destructif, selon lui, de toute liberté morale. — Les articles du *Constitutionnel* et du *Courrier* qui, après avoir applaudi, comme le plus grand nombre, se ravisent et comprennent qu'il faut se garder, avant que d'avoir mûrement examiné, de sacrifier la clarté et la précision de nos philosophes français aux dix-huitième et dix-neuvième siècles, aux nuages de l'Allemagne. — L'ouvrage du docteur Broussais, qui, écrit avec talent, sera fort contre M. Cousin, parce qu'il défend la *méthode expérimentale*,

La jeunesse elle-même, humiliée de son ignorance, ne tarderait pas à prêter l'oreille à des conseils qui lui feraient comprendre qu'elle n'est pas aussi stupide qu'elle pouvait le penser d'abord.

Que M. Cousin y songe sérieusement : à la tête de l'enseignement de la philosophie, s'il est tout-puissant pour le bien, il est aussi tout-puissant pour le mal. La noblesse des sentimens qu'il manifeste souvent dans ses leçons fait désirer à tous les vrais amis de la philosophie qu'il comprenne mieux sa position, et qu'il évite de prêter des armes, non pas seulement contre lui, mais contre l'enseignement de la philosophie en général (1). Dans les matières qu'il traite, épineuses déjà par elles-mêmes, un style trop abondant en images n'est pas toujours ce qu'il faut, non-seulement pour se faire comprendre aux autres, mais encore pour se comprendre soi-même. Est-ce à dire que nous désirons qu'il fasse taire entièrement l'imagination pour adopter une langue sans figures, qui, à peu près comme celle de l'al-

---

quoiqu'il soit rempli d'assertions qui ne prendront pas pied au dehors, et ne prévaudront pas contre la lumière qui environne les faits de la psychologie.

(1) Lisez ce qu'écrit le *parti La Mennais*. — « Nous avions bien dit que les philosophes ne s'entendraient jamais. On n'a pas voulu nous croire : demandez plutôt à MM. *Daunou*, *Cousin* et *Broussais*. Il faudra en revenir à l'autorité ; hors de là, point de salut. M. Beautain, professeur de philosophie à Strasbourg, et élève de M. Cousin, après avoir essayé de tout, après avoir attiré à ses leçons une affluence prodigieuse d'auditeurs, n'a pu trouver que la foi pour asile, et a été ordonné prêtre depuis peu de jours.

gèbre, signifie beaucoup plus qu'elle n'exprime, qui semble plus en harmonie avec ce culte de l'*intelligence pure* qu'il aime tant, et ce dédain, disons même ce mépris avec lequel il parle souvent de ce qu'il appèle la *philosophie de la sensation* et de l'*imagination?* Non, certainement, nous ne voulons rien exagérer : cependant nous avons bien le droit de penser que dans les matières philosophiques toute chaleur naît de la lumière. Pascal, Bossuet, Mallebranche, qu'on n'accusera pas d'être *sensualistes*, savent échauffer et passionner en ne s'adressant qu'à l'*entendement pur*. Aujourd'hui surtout, la culture des sciences exactes et cet esprit de discussion, qui est le caractère de notre siècle, rendent ce besoin de lumière encore plus impérieux. Nous voulons voir clair en chaque chose, et il serait difficile d'attirer long-temps notre attention, si l'on oubliait trop souvent d'*éclairer sa lanterne*. Que M. Cousin se garde bien de voir dans ces observations quelque chose qui ne soit pas sérieux. Il n'est ni dans nos intentions, ni dans notre caractère, de mêler à des questions graves quelques plaisanteries que nous trouverions au moins de très mauvais goût. Si nous savons, par expérience, qu'il est bien plus facile de tourner en ridicule une doctrine que de la comprendre; que, très souvent, la clarté et la simplicité dans la forme cachent un fond sans solidité et sans consistance, nous savons aussi que la philosophie, comme la peinture, n'appèle pas des ombres pour donner du relief aux choses; la vérité aime essentiellement la lumière et le grand jour.

« Dans ma première leçon, j'ai essayé de démon-
« trer que la philosophie est un besoin spécial, un
« élément incontestable de la nature humaine, et
« même que cet élément, aussi réel que tous les au-
« tres, leur était supérieur à tous, en ce que d'abord
« il contient en lui toute lumière, ensuite en ce qu'il
« répand la lumière qui lui est propre sur tous les
« autres élémens et qu'il les explique tous. »

Il n'est pas possible que M. Cousin prenne ces paroles au sérieux. Il sait qu'il n'a pas essayé de démontrer que sa philosophie contient toute lumière, qu'elle éclaire et explique tout. Il sait que ceux qui lisent ses leçons ont assez de sens pour distinguer une assertion d'une preuve. Quant à nous, nous persistons à penser, en opposant résumé à résumé, qu'on peut répondre :

Non, vous n'avez pas essayé de démontrer que votre philosophie éclaire et explique tout; nous ne savons pas même ce qu'elle est, à moins que vous ne supposiez que nous ayons compris ce que c'est qu'*un culte des idées qui ne représentent rien; qui sont la pensée sous sa forme naturelle; qui ont des degrés divers, mais qui à leur plus bas degré, comme à leur plus haut, conservent toujours leur caractère qui est d'être la forme adéquate de la pensée, c'est-à-dire, la pensée elle-même se comprenant et se saisissant*, etc.

etc., etc. En vérité, après s'être ainsi exprimé sur le compte de la philosophie, conclure gravement qu'on a essayé de démontrer qu'elle éclaire et qu'elle explique tout, nous semblerait presque une mauvaise plaisanterie, de la part de tout autre que M. Cousin. Il nous a dit encore, il est vrai, que la philosophie est *la réflexion en grand*. Mais, parler de l'instrument dont se sert la philosophie, ce n'est pas la faire connaître. Que dirions-nous d'un physicien, qui pour nous donner une idée de ce que nos voisins appèlent *philosophie naturelle*, se contenterait de nous dire qu'elle est l'observation externe en grand, le *culte* des faits externes, et qui se mettrait ensuite en frais pour nous prouver qu'on a observé dans tous les temps?

M. Cousin a si bien senti que son résumé ne résumait rien, que dans sa troisième leçon seulement, il essaie de démontrer que toute clarté est dans les *abstractions*. Il a fallu en venir là. En effet, comment prouver que l'histoire de la philosophie est plus claire que toutes les autres parties de l'histoire universelle et qu'elle les explique, si on n'a pas mis dans tout son jour que la philosophie éclaire et explique tout : l'industrie, la législation, l'art, la religion? Ici, nous commençons à entrevoir que ce *culte des idées* que nous ne comprenions aucunement dans la première leçon, n'est autre chose que *le culte des abstractions, des généralités*. Que nos lecteurs qui savent certainement ce que sont des généralités, s'amusent à examiner si ce que M. Cousin disait des idées, et qui nous paraissait, non pas *faux* mais *inintelligible*, peut devenir, je ne dis pas *vrai*, mais *intelligible* lorsqu'on l'applique aux abstractions, aux généralités. Nous l'avons essayé vainement, et nous n'avons pas même pu dire ce que Fontenelle disait dans une occasion semblable : « Je vous comprends, mais en vérité, je ne devrais pas vous comprendre. »

Serons-nous plus heureux dans la troisième leçon ? « Toute clarté est dans les *idées*, c'est-à-dire
« dans les abstractions philosophiques. Elles n'ont
« pas cette réputation, je le sais ; c'est pure ingrati-
« tude. Car, au fond nous prêtons toute créance
« à ces abstractions que nous accusons tant ; nous
« ne croyons qu'à elles, nous ne comprenons qu'el-
« les, et c'est en elles et par elles que nous com-
« prenons tout. »

Voici quelle est à peu près la preuve qu'en donne M. Cousin : en présence de deux groupes d'arbres, 2 d'un côté et 2 de l'autre, vous dites que 2 arbres et 2 arbres sont 4 arbres. Eh bien, si vous ne saviez pas que 2 et 2 sont 4, vous ne sauriez pas que 2 arbres et 2 arbres sont 4 arbres. M. Cousin ne veut pas dire que l'esprit débute par *l'abstrait*, par le *général*; c'est-à-dire qu'il conçoive d'abord les nombres indépendamment des choses nombrées, et qu'ensuite, armé de cette intelligence des nombres, il aborde les choses nombrables ; non, mais il prétend que c'est l'esprit seul qui saisit ce rapport inaccessible aux sens et à l'imagination, et qui, après en avoir pris possession, est arrivé à la source de toute lumière. Selon M. Cousin, enfin, nous n'admettons le rapport des quantités concrètes que parce que nous admettons le rapport des quantités abstraites : donc toute lumière est dans l'abstraction.

Nous ne croyons pas que l'intelligence humaine n'admette un rapport entre deux termes individuels et concrets que parce qu'elle admet ce rapport entre deux termes abstraits. Si j'admets que 2 arbres et 2 arbres sont 4 arbres; si j'admets que mon corps est plus grand que mon doigt, ce n'est pas parce que j'admets que 2 et 2 sont 4, que le tout est plus grand que la partie; j'admets également l'un et l'autre. La lumière est-elle dans la perception de la vérité d'une proposition générale, et passe-t-elle de là à la proposition individuelle? nous ne le pensons pas. Nombre de philosophes diraient à M. Cousin qu'il n'y a là qu'un seul rapport aperçu tantôt entre des termes individuels, et tantôt, non pas entre des *idées* générales, des *réalités* purement *intelligibles*, mais uniquement sous des *expressions* générales.

Sans prétendre que les idées générales ne sont que de pures dénominations, quoique cette opinion soit défendue par les esprits les plus distingués, nous ne pensons pas que le général éclaire le particulier. Nous croyons tout le contraire, et la preuve en est qu'on demande toujours des applications, des exemples. M. Cousin lui-même sera clair, le jour où il voudra bien descendre des généralités, de ce qu'on a appelé avec raison les hauteurs de la science, à des faits visibles et palpables. Telle est la faiblesse de notre nature, que nous sommes condamnés à ne comprendre le *général*, l'*universel*, qu'après nous être familiarisés avec le *particulier*, l'*individuel*. Il faut continuellement prendre terre, sous peine de nous perdre dans la région des ténèbres. Lorsque le particulier est connu, familier, nous pouvons alors, et nous devons même, pour étendre la vue de l'esprit, nous servir d'expressions générales. Parce qu'une longue habitude nous a rendu familières une multitude d'expressions générales, nous pouvons, supposant à tort que ce qui est a toujours été, être amenés à penser que le général est plus clair que le particulier, parce qu'il est toujours plus simple. Une expérience constante nous montre le contraire. Il peut cependant y avoir des cas où en partant du général, on parte de la lumière. Pourquoi? je veux vous faire remarquer un rapport entre deux termes individuels et concrets. Pour apercevoir ce rapport il faut que je vous amène à faire abstraction d'une foule de qualités qui par leur multiplicité troublent la vue de votre esprit, éveillent souvent les passions : si je puis vous montrer ce rapport entre deux termes généraux, abstraits, qui nommeront exclusivement les qualités qu'il faudra comparer et qui vous soient parfaitement connues, j'ai tout à gagner en vous forçant d'être en contradiction avec vous-même, si vous avouez en général ce que vous niez en particulier, parce que vous n'apercevez pas aussi facilement le particulier, ou que vous êtes intéressé à le nier. Ce n'est donc qu'accidentellement, et non point essentiellement que le général paraît plus clair que le particulier.

Au fond de ces assertions de M. Cousin il y a toujours une question que nous avons signalée comme capitale en philosophie, qu'il suppose résolue et qui ne l'est pas. Ce que l'esprit aperçoit sous des termes généraux est-il autre chose que ce qu'il a d'abord aperçu dans le particulier, dans les faits externes ou internes, et dans les rapports de ces faits? Par exemple, les propositions 2 et 2 sont 4, un changement est le produit nécessaire d'une cause, expriment-elles autre chose que ce que nous avons d'abord aperçu dans des faits individuels et concrets, et qui, considéré indépendamment de ce qu'il y a de particulier, de déterminé, devient applicable partout où il y a des quantités semblables à nombrer, partout où il y a changement?

Dira-t-on, avec Hume, qu'on chercherait en vain dans des faits *externes* ou *internes*, dans l'*expérience* enfin, un rapport de *causation*; qu'on ne trouvera que *conjonction* fortuite? On répondra qu'il n'est pas nécessaire que ce rapport de causation existe réellement; qu'il suffit qu'il paraisse tel à l'intelligence, pour que nous puissions nous faire une idée de cause. C'est ainsi que raisonne Condillac sur les principes de la géométrie. Mallebranche croit que la ligne droite, le carré, etc., etc., sont des réalités purement intelligibles, inaccessibles à l'esprit lorsqu'il les cherche dans les faits, parce que les corps ne sauraient offrir une ligne parfaitement droite. Je ne sais pas si cette ligne est droite, répond Condillac, mais toujours est-il que je la vois droite. J'aurai donc par les sens, au moyen d'une abstraction, l'idée de ligne droite. C'est ainsi qu'il m'est possible de trouver toutes les idées élémentaires de la géométrie.

Je ne dis pas que cette manière de procéder ne donne lieu à aucune objection ; mais toujours est-il que l'école qui part des faits, pour y chercher tout ce que nous concevons d'une manière abstraite et générale, est celle qu'adoptent les meilleurs esprits, ceux dont les doctrines pénètrent avec le plus de facilité dans les intelligences. Je conviens, si l'on veut, que l'humanité ne devrait pas être ainsi faite ; qu'il vaudrait mieux atteindre les vérités générales, par une sorte d'inspiration, que d'être forcé de s'appuyer sur des vérités particulières, pourvu qu'on m'accorde, qu'en disant que l'esprit humain ne saisit, sous des termes abstraits et généraux, que ce qu'il a aperçu sous des termes individuels et concrets, je n'énonce pas une hypothèse, mais un fait que l'habitude de l'enseignemet éclaire à chaque instant d'une nouvelle lumière. J'ai long-temps médité ce qu'ont écrit à ce sujet le docteur Reid, M. Royer-Collard, les élèves de M. Cousin, dans leurs thèses à l'École normale, et avec quelques-uns d'entre eux, aujourd'hui professeurs dans l'Académie de Paris, je suis forcé d'avouer que les raisons alléguées jusqu'ici par l'école qu'on veut bien nommer *spiritualiste*, ne sont pas à beaucoup près sans réplique, et qu'il faut encore de nouvelles lumières, avant que de se permettre des affirmations aussi tranchantes, aussi dogmatiques que celles qu'on trouve fréquemment dans les leçons de M. Cousin. Qu'il se persuade bien qu'on ne résout pas une question en se contentant de dire « *Il n'est plus permis, depuis Hume, de supposer que le phénomène sensible dans ce qu'il a de visible*, renferme *le rapport de l'effet à la cause*. En empruntant sa manière, on pourrait répondre avec autant et plus de raison que, depuis Loke, Condillac et toute l'École du dix-huitième siècle, il faut être aveugle pour ne pas voir que tout ce qui est aperçu par l'entendement a été primitivement dans les faits. Les autorités ne me manqueraient pas pour motiver cette réplique: je n'en citerai qu'une. Voici ce qu'a écrit à ce sujet, un des hommes les plus savans de notre époque, le législateur de la France, Portalis, dont la vertu égalait le talent. Que nos lecteurs ne perdent pas de vue que son ouvrage *de l'influence de l'esprit philosophique dans le dix-huitième siècle*, a été composé en Allemagne, au milieu des disciples de Kant. »

« Des hommes célèbres en Allemagne, mais dont
« les systèmes ne sont propres qu'à reculer dans
« cette vaste partie de l'Europe les progrès des vé-
« ritables lumières, prétendent que jusqu'à eux il
« n'y a point eu de métaphysique; que Leibnitz,
« Hume, etc., appartiennent sans doute à l'histoire
« de la philosophie, mais qu'ils ont répandu trop
« peu de jour sur certaines matières, pour ne pas
« demeurer étrangers à la philosophie. Un tel début
« n'est pas modeste, et il faudrait de grandes choses
« pour le rendre tolérable. »

Passant ensuite en revue ce que Kant appèle des *conceptions pures*, des *idées à priori*, les abstractions de M. Cousin, enfin, Portalis ne voit pas « ce que
« ces idées, qu'on place hors du cercle de toutes
« nos connaissances expérimentales ou acquises, ont
« de plus vrai, de plus nouveau que les *Exemplaires*
« ou les *Prototypes* de Platon, les *idées innées* de
« Descartes, la *Vision en Dieu* de Mallebranche.
« Pourquoi, dit-il, reproduire des systèmes usés
« en annonçant avec tant de prétention que l'on va
« révéler aux hommes des vérités dérobées jusque
« là à leur raison? Quelle est l'idée vraiment origi-
« nale à laquelle nous ayons donné le jour par les
« seuls efforts de la raison pure? Ce qui n'a été ni
« vu, ni entendu, ni senti, ne peut être conçu.
« C'est le réel qui nous fournit l'idée du possible,
« puisque, dans nos hypothèses les plus hardies,
« nous ne faisons que combiner diversement par la

« pensée les formes ou les choses qui existent sous
« nos yeux. Kant se prévaut de ce que nous établis-
« sons des principes, des axiomes, de ce que nous
« manifestons des idées indéfinies, générales, ab-
« solues, qui ne sauraient, selon lui, nous être
« fournies par l'expérience toujours limitée à des
« faits déterminés. Cette objection n'est ni nouvelle,
« ni imposante. Elle rappelle l'abus que les scola-
« stiques ont fait pendant si long-temps des généra-
« lités qu'ils regardaient comme les idées premières,
« modèles et exemplaires de toutes les autres. Je
« conviens que nous avons des axiomes, des prin-
« cipes, des idées absolues, des idées générales;
« mais pourquoi supposer gratuitement et contre
« l'expérience qu'elles sont *à priori*, qu'elles sont
« des formes de notre esprit? On ne niera peut-être
« pas que l'enfance ne soit le début de la vie hu-
« maine; or, dans le premier âge, la tête est-elle
« meublée d'axiomes et de principes généraux? Un
« enfant donne-t-il des signes autres que ceux des
« idées particulières que les sensations font naître?
« Les peuples ont leur enfance comme les individus.
« A quoi se réduit la langue d'un peuple naissant? à
« quelques expressions relatives à des objets parti-
« culiers. Les abstractions et les généralités ne vien-
« nent que lorsque la masse de nos connaissances
« augmente, et que l'on a besoin de se servir de
« propositions générales et d'expressions abrégées
« pour se proportionner à l'universalité des choses

« que l'on conçoit. Il ne s'agit pas de bâtir des sys-
« tèmes, il faut observer des faits. Dans toutes les
« langues, les mots destinés à exprimer les géné-
« ralités et les choses abstraites sont les derniers en
« date : or, la génération des mots suit et indique
« celle des idées. La parole est la physique expéri-
« mentale de l'esprit ; donc les idées générales et
« abstraites ne sont que des idées acquises et des
« idées qu'on n'acquiert qu'après bien d'autres. »

Portalis, comme on le voit, n'hésite pas. Si nous n'avons pas le droit de penser qu'il est entièrement dans le vrai, il nous est bien au moins permis de dire hautement que des assertions contraires, quelque tranchantes qu'elles soient, ne peuvent pas être des démonstrations pour quiconque s'occupe un peu de philosophie. Et d'ailleurs, en supposant même qu'il y eût quelques notions comme celles de *substance* et de *mode*, de *cause* et d'*effet* qui se montrassent rebelles lorsqu'on veut les tirer des faits, de l'expérience, serait-on en droit de proclamer que l'école *empirique*, comme on l'appèle, suit une fausse route parce qu'elle regarde les faits comme notre point de départ, comme les seuls objets qu'il nous soit possible de connaître ; parce qu'elle pense que nos incursions dans la région des possibles ne vont pas au-delà de ces faits ; enfin, que nous n'apercevons jamais sous des termes généraux, que ce que nous avons aperçu dans des faits particuliers? Quelles vérités ferez-vous sortir des maximes, *il n'y a point de qualité sans substance, point d'effet sans cause?* Quelle est la proposition particulière qui sera véritablement éclairée de la lumière que vous supposez dans ces propositions universelles? Si la philosophie n'est pas autre chose que le *culte* de semblables généralités, ne l'appelez plus la *lumière des lumières*, car nous savons tous que la connaissance de ces vérités s'allie très fréquemment avec la plus profonde ignorance. Il n'y a pas de pire habitude pour l'intelligence que celle qui consiste à croire que, parce qu'on connaît quelques généralités, quelques catégories qui peuvent s'appliquer à tout, on sait toutes choses. Les jeunes gens surtout qui sont saisis de cette disposition d'esprit, ne tardent pas à la manifester par un air tranchant, dogmatique. La connaissance du particulier, du spécial, ne s'acquiert pas à si bon marché; et tel homme, qui procède par généralités, par maximes universelles et absolues, montre souvent, dans les questions les plus simples de la vie, une gaucherie qui prête à rire à l'homme qui n'a que le sens commun. Ajoutez que les hommes qui cultivent avec passion les généralités, courroucés de rencontrer des faits qui résistent au niveau auquel ils veulent les soumettre, deviennent ordinairement intolérans, tout en avouant qu'ils n'obéissent qu'à l'inflexible *dictamen* de la raison.

M. Cousin dira-t-il qu'il pense, comme Portalis, que l'abstraction n'est pas le début de l'intelligence;

qu'il est inutile de se mettre en frais pour prescrire l'étude des faits et le danger des généralités ; que son cours à l'École normale n'a pas eu d'autre objet que de montrer comment on arrive par l'observation à la connaissance des vérités qui dominent tous les faits observables? Toujours est-il que, selon lui, nous n'admettons des vérités individuelles que parce que nous admettons des vérités universelles. Eh bien ! c'est précisément ce que Portalis et bien d'autres mettent au moins en question. Car, comme toute l'école qui se rattache à Locke, il affirme sans hésiter que tous les objets de l'entendement ont été primitivement dans les faits. Toute généralité, toute lumière, selon lui, est partie des faits, et nous fournit ensuite le moyen d'y rallier des faits analogues. Pour emprunter encore son langage, « il est inutile
« et presque toujours dangereux de mettre toutes
« les parties d'un raisonnement sous la dépendance
« d'une proposition générale. Les vrais principes,
« les principes proprement dits, ne sont pas des
« généralités, mais des observations constatées par
« l'expérience. Sans doute, pour la classification de
« nos idées, il faut des résultats, des maximes gé-
« nérales, mais ce n'est pas par les résultats qu'il
« faut commencer. Les faits sont les unités des
« sciences ; ils sont les matériaux que l'on compare,
« que l'on classe, que l'on unit. » Et ailleurs : « Tou-
« tes les idées abstraites de nos géomètres ont leur
« première base dans les formes et dans les figures

« tracées par la nature : et, si ce n'est que dans
« nos temps modernes que la géométrie perfection-
« née par nos savantes combinaisons a été appliquée
« à la physique, il est certain que les anciens géo-
« mètres avaient extrait de la physique le germe de
« géométrie que nous avons si heureusement dé-
« veloppé. »

L'école de Locke, d'Alembert, Voltaire, Rous-
seau, Dumarsais, Condillac, Euler et tant d'autres
esprits du premier ordre, n'auraient pas tenu, ici, un
autre langage que celui de Portalis. Est-ce à dire
que la doctrine de Condillac sur l'origine et la formation des connaissances humaines soit la seule raisonnable? Nous ne le pensons pas. En faisant ressortir ce qu'elle a d'excellent, montrons aussi qu'elle
a son côté faible. M. Cousin verra, à notre profession
de foi, que nous ne sommes pas plus exclusifs que lui
et qu'on peut ne pas être de son avis, sans être pour
cela pur *Condillacien*, ou *sensualiste*, puisque *sensualiste* est le mot à l'ordre du jour.

Condillac est remarquable en ce qu'il a fait comprendre beaucoup mieux qu'aucun philosophe combien le langage était nécessaire comme condition
du développement de l'intelligence. En nous rame-
nant toujours à l'expérience, il n'a pas peu contribué
à nous guérir de la manie des systèmes, quoiqu'il
ait écrit lui-même un roman sur l'origine et la génération de nos facultés. En méditant ses vues sur la
méthode, et surtout la manière simple avec laquelle

il traite une question, tous les esprits sentent ce besoin de clarté, qui devenu habituel, ne peut plus admettre une expression qui ne réponde à une pensée, à un fait. Sous ce rapport, il fait époque dans le dix-huitième siècle, et il a exercé une influence toute particulière sur l'exposition méthodique et lumineuse qu'on remarque dans les ouvrages consacrés depuis lui aux sciences et à la métaphysique. C'est même le beau côté de cet excellent esprit qui nous fait croire d'abord que tout est exact et irrépréhensible dans ses écrits. Quel est celui qui n'a pas été quelque temps dans cette illusion? Toutefois, avec un peu d'attention, on aperçoit bientôt dans sa doctrine un certain nombre d'assertions, qu'il est aujourd'hui très difficile, pour ne pas dire impossible, d'admettre. Elles sont si étranges, qu'on doute encore qu'un métaphysicien aussi distingué n'ait pas vu que tout ce qui contredit une loi de l'esprit humain peut bien avoir la vogue quelque temps, mais n'a jamais un long avenir. Au nombre de ces assertions se trouvent celles-ci, que nous signalons, comme devant montrer à nos lecteurs combien nous devons être éloignés de penser que Condillac est le représentant fidèle de l'école qui prétend trouver dans l'expérience les divers objets de nos connaissances.

Selon Condillac, il n'est pas vrai qu'il y a une différence de nature entre l'*intelligence* qui aperçoit et les *objets* qui sont aperçus, entre le *spectacle* et le *spectateur :* dans son système, les sensations sont le *spectacle;* c'est en elles, et en elles exclusivement que nous pouvons trouver tout ce que nous connaissons ; mais quant au *spectateur*, à *l'intelligence*, à *l'œil* qui s'ouvre sur ces sensations, pour les connaître, pour les décomposer et les composer, Condillac n'en parle pas comme de quelque chose qui en soit distinct. La sensation est donc tout à la fois la *connaissance* et l'*objet connu*. Répugnez-vous à admettre une telle absurdité, indiquez, si vous le pouvez, quel est le chapitre où il traite, non pas des formes diverses de la sensation qui sont les objets de l'*intelligence*, de la *vue* de l'ame, mais bien celui où il est question de l'*intelligence*, de la *vue* elle-même.

Après avoir confondu la *vue* de l'ame avec son *objet*, l'*intelligence* avec la *sensation*, il confond encore l'*action*, l'*attention*, le *regard* de l'ame vers une sensation, avec cette sensation elle-même, tout en répétant souvent que l'ame est une *force*.

Ainsi *sentir*, *apercevoir* ou *connaître* la sensation qu'on éprouve, lui donner son attention ou la *regarder*, sont une seule et même chose; en un mot, la *sensibilité*, l'*intelligence* et l'*activité*, qui sont des attributs réellement distincts, quoique coexistans dans le même être, sont perpétuellement identifiés par Condillac. L'auteur des Leçons de Philosophie n'a rien laissé à désirer sur tout ce qu'il y a à dire contre Condillac identifiant l'*attention* avec la *sensa-*

la conscience distincte des sensations que ces qualités font naître en nous, en agissant sur nos organes. Mais bientôt, on découvre qu'elle est illusoire; qu'il n'y a réellement pour vous qu'*évidence de sentiment*, et que le mot *fait* n'ajoute rien, puisque nous ne pouvons pas *voir*, avec les facultés que vous nous donnez, s'il y a autre chose que des sensations.

Quant à l'*expérience interne*, ou à la vue des faits internes et de leurs rapports, Condillac, selon nous, n'en a pas donné une idée exacte. D'abord, il l'a confondue avec les sensations, qui ne peuvent être que son objet; ensuite, il nous a laissé penser qu'il n'est pas possible d'apercevoir en nous autre chose que sensation; et ici, de deux choses l'une : ou il a mal fait sa langue, s'il a rallié sous le mot sensation tous les faits observables en nous, et ce qu'il y a d'*actif* et ce qu'il y a de *passif*; ou bien, ce qui est plus important, il a énoncé une erreur grossière, s'il a voulu dire que *sensation, désir, volition, délibération, intellection,* etc., etc., sont des faits de même nature.

Pour reprendre le sujet qui a appelé ces explications sur l'école de Condillac, on peut fort bien avoir raison contre lui, en prouvant qu'il n'est pas possible de trouver dans les sensations l'objet des notions de *mode* et de *substance*, de *cause* et d'*effet*, etc., etc., sans que cependant on soit en droit de conclure contre l'*expérience en général,* puisque autre chose est l'*expérience de Condillac,* autre chose est l'*expérience* telle que la comprend le commun des hommes. Nous en avons dit assez, pour engager M. Cousin à nous donner encore de nouvelles lumières. Puisqu'il paraît si convaincu de l'importance de certains axiomes, dans lesquels il est le seul à apercevoir tant de choses ; puisqu'il est si convaincu de l'impossibilité où est toute espèce d'abstraction de les tirer des rapports des faits observables à l'*intérieur* et à l'*extérieur*, pourquoi ne ferait-il pas partager sa conviction à tous ceux qui lisent ses leçons avec cette persistance qui ne se décourage pas par l'étrangeté de son langage? Son enseignement lui en fournira l'occasion; et, dans l'intérêt des études philosophiques, nous serons les premiers à faire remarquer les éclaircissemens qu'il ajoutera pour ne laisser aucun doute dans les esprits. La vérité clairement exprimée est toute puissante, et on ne résiste pas toujours à sa lumière.

M. Cousin n'a pas essayé de démontrer que toute clarté est dans les généralités; il n'a pas prouvé que nous n'admettons une vérité particulière, que parce que nous admettons une vérité générale. Comment nous fera-t-il voir que l'histoire de la philosophie *est plus claire* que toutes les autres parties de l'histoire universelle, et qu'elle est à toutes les autres histoires ce que la philosophie, c'est-à-dire *le culte des idées*, est à tous les élémens de la nature humaine?

Pour le prouver, il se livre d'abord à des considérations générales telles qu'il faut une patience robuste pour le suivre, lorsqu'on a contracté la malheureuse habitude de ne vouloir pas aller à la phrase qui suit, sans avoir compris celle qui précède. Cependant, comme il descend de ces généralités à des applications, voici comment nous avons entendu la fin de sa troisième leçon. Si nous nous trompons dans l'interprétation que nous en donnons, nous serons encore utile à M. Cousin, puisqu'il se convaincra de plus en plus combien il importe de réfléchir sa parole, pour ne pas prêter à des malentendus ; car nous ne supposons pas qu'il entre dans ses vues d'être obscur à dessein, pour produire un plus grand mouvement dans les esprits.

De même que dans les êtres soumis à nos observations il y a quelque chose de particulier et quelque chose de commun, qui sert de base à toutes nos classifications, et qui nous fournit ensuite le moyen de définir ces êtres, d'en faire connaître la nature, autant qu'il nous est donné de la comprendre ; il y a aussi dans chaque époque de la civilisation deux élémens qu'il faut remarquer. Observez les mouvemens de l'industrie, le règne de tel ou tel culte, la législation, l'art à une époque donnée, et vous y démêlerez bientôt quelque chose de particulier et quelque chose de commun. C'est le commun de ce qui a lieu dans une époque qui en donne le caractère, l'*idée* ou la *pensée*. Cette pensée, une fois connue, éclaire les faits particuliers qui vous paraissaient obscurs, en leur donnant à tous un air de famille auquel il est acile de les reconnaître. Ainsi la pensée que Dieu est tout, et que l'homme n'est qu'une pièce du mécanisme universel, qui seul existe, nous explique comment dans l'Orient, dans l'Inde, l'art a dû se manifester par des créations colossales et déréglées ; comment une théocratie formidable pesant sur l'humanité, a dû lui ôter toute liberté, tout mouvement ; comment l'homme, se méprisant lui-même, n'a pu songer à recueillir la mémoire des actions qu'il ne faisait pas ; comment il n'y a pas d'histoire humaine, et par conséquent point de chronologie. — La pensée que l'homme est libre et capable de moralité, qui distingue la philosophie de Socrate représentant d'une époque de la civilisation, donne la clef de la législation et de l'art, à cette époque ; nous explique pourquoi, dans les statues du siècle de Périclès, nous ne trouvons plus des bras serrés près du corps, des pieds joints ensemble, absence de mouvement, et de vie comme dans l'Orient ; enfin nous comprenons la religion de cette époque, dans laquelle l'homme est si bien compté pour quelque chose, que les dieux ne sont que l'homme agrandi. — La philosophie de Descartes ne reconnaissant d'autre autorité que celle de la pensée individuelle, à laquelle a abouti le seizième siècle, nous montre clairement le caractère des mouvemens de ce siècle. — La philosophie du dix-huitième siècle, *la philosophie de la sensation, le sensualisme, puisqu'il faut l'appeler*

par son nom, est une lumière avec laquelle on s'oriente aisément dans ce siècle, avec laquelle on comprend comment l'ordre social, contemporain d'une semblable philosophie, a dû être sans dignité ; le gouvernement, arbitraire, absolu et succombant de faiblesse et de corruption ; comment la religion n'a eu aucun empire sur les ames, et comment les arts et la poésie y ont été petits et mesquins. Enfin, la philosophie d'une époque connue, il est facile de porter la lumière sur la législation, l'art, la religion de cette époque. Les faits isolés sont des énigmes ; la philosophie seule donne le mot. *L'histoire de la philosophie est donc plus claire que toutes les autres parties de l'histoire universelle,* puisque c'est en elle, et par elle seule que nous les comprenons ; elle est donc le *point culminant de l'histoire,* la *seule vraie histoire,* l'*histoire de l'histoire ;* elle domine l'histoire universelle, comme la philosophie domine la nature humaine. Parvenu là, M. Cousin termine cette leçon en disant que « l'histoire de la philosophie est aux
« autres parties de l'histoire de l'humanité, ce que
« l'histoire de l'humanité est à celle de la nature
« extérieure. » Nous ne dirons rien sur la justesse de cette comparaison ; nous avouons, à notre honte, que nous n'avons aucunement compris ce qu'est
« cette pensée qui s'ignore dans la nature extérieure;
« qui, cachée et comme ensevelie dans le monde
« inorganique, commence à se manifester dans le
« monde végétal, se manifeste davantage encore

« dans l'animalité, et qui ne se saisit elle-même, et
« ne dit moi que dans l'humanité, dans la con-
« science de l'homme. » Comment M. Cousin, qui,
dans d'autres leçons, se complaît à traduire ce qui
n'a pas besoin d'explication, et qui parfois semble
supposer qu'il parle à des auditeurs qui en sont encore à l'A, B, C, a-t-il été si bref ici? comment
lui, qui va jusqu'à dire gravement : « Il n'y a point
« d'histoire de ce qui est un, identique à soi-
« même, permanent, sans changement, sans mou-
« vement, » et qui ajoute encore, de crainte de n'être
pas compris : « Si le genre humain était toujours
« identique à lui-même, s'il ne soutenait pas re-
« lativement à lui-même des différences graves, il
« n'aurait pas d'histoire; car il n'y a d'histoire que
« de ce qui change, » nous a-t-il laissés ici dans
une complète ignorance? Mais revenons sur ce qu'il
y a de capital dans cette leçon, puisque la comparaison de la fin n'est qu'accessoire. Avant de l'avoir
lue, nous pensions que l'homme n'agit jamais que
d'après ce qu'il sait, ce qu'il croit, ou ce qu'il sent;
que ses sentimens naissent de ses opinions et de ses
croyances, quoiqu'à leur tour ils réagissent sur elles
et les avivent. Nous pensions que celui qui a fait
une étude particulière de la nature humaine pouvait deviner, avec assez de facilité quelles ont été
les actions d'un individu ou d'un peuple, si vous
lui donniez, comme connues, les opinions de cet individu et de ce peuple, plus tous les accidens des

situations diverses dans lesquelles il s'est trouvé. M. Cousin n'a-t-il voulu dire que cela? Il ne trouverait pas de contradicteur, s'il pouvait prouver que chaque peuple a eu ses philosophes, et que les livres des philosophes ne sont pas autre chose que le résumé *lumineux* et *méthodique* des opinions de ce peuple sur tous les objets qu'il lui a été donné de connaître. Pour se rendre raison des faits qui remplissent l'histoire de ce peuple, l'histoire de ses lois, de sa religion, de ses arts, de son industrie, de sa langue, il faudrait d'abord étudier ses opinions dans les ouvrages de ses philosophes.

Mais avons-nous des systèmes philosophiques pour toutes les époques de l'histoire ? et ensuite, que sont les systèmes des philosophes, à quelques rares exceptions près? un chaos dans lequel un très petit nombre d'esprits voient, ou croient voir clair ; un recueil des opinions d'hommes solitaires qui ont eu fort peu ou point d'influence sur les événemens, sur les révolutions qui se sont opérées dans les siècles où ils se sont rencontrés; qui n'ont souvent rien de commun avec la pensée du grand nombre et de ces hommes extraordinaires qui, conduisant et tournant à leur gré les masses, changent la face des empires. La connaissance des systèmes des philosophes ne fournit donc que très imparfaitement la raison des faits que vous voulez expliquer par eux. Fréquemment, un fait dont vous allez chercher péniblement la raison dans une idée abstraite que vous lui imposez, parce qu'elle pourrait l'expliquer, s'explique sans effort par une circonstance peu importante, à laquelle aucun philosophe n'aurait pensé, et que découvre facilement l'homme simple qui est sans cesse aux prises avec les choses, avec les particularités des affaires et de la vie. Est-ce à dire que nous nions toute espèce de rapport entre la philosophie d'un peuple et les événemens qui composent son histoire ? N'y a-t-il pour nous aucune liaison entre ce qui a précédé et ce qui a suivi la philosophie de Descartes ? Non certainement ; nous ne voulons rien exagérer ; nous savons que les faits ne se produisent pas ainsi fortuitement, et sans liaison aucune avec ce qui a précédé ou suivi, quoique notre ignorance nous force souvent de faire la part des hasards assez grande. Mais prétendre que la connaissance de la philosophie de Descartes est le flambeau qui éclaire les événemens de l'époque à laquelle il se rattache, c'est trop accorder à la philosophie, et se jeter dans l'extrême opposé à ceux qui lui refusent tout. La philosophie d'Helvétius et de Condillac n'éclaire que très imparfaitement les faits qui ont précédé ; et nos neveux chercheront en vain dans les opinions de ces philosophes, la raison de la déclaration des droits de l'homme, du mouvement de 89, de la littérature à cette époque, de l'école de David, et de tout ce que nous avons vu et que nous verrons encore ; et cependant, vers la fin du dix-huitième siècle et surtout dans le dix-neuvième, les philosophes se trouvant influer plus ou moins dans les affaires publiques, parce qu'ils ont souvent part au gouvernement et que leurs écrits agissent puissamment sur l'opinion des masses, l'histoire de leurs opinions nous fournit de grandes lumières pour comprendre les événemens de l'histoire contemporaine (1). Mais ce qui est vrai, aujourd'hui, de l'histoire de la philosophie, ne l'est pas à beaucoup près de toutes les époques de l'histoire. Cependant, il n'est personne qui ne sache qu'avec un peu d'imagination on ne puisse trouver des rapports entre les choses les plus éloignées; mais ce ne sont pas les rapports éloignés des choses qui nous importent le plus; ce sont les rapports prochains et immédiats qu'il faut faire ressortir avec force pour nous instruire. Dans l'état actuel de la science, contentons-nous de montrer clairement que ce que nous appelons *philosophie, histoire de la philosophie*, est quelque chose qui mérite attention. Lorsqu'on l'admettra, nous pourrons peut-être essayer de prouver que la philosophie est tout, que l'histoire de la philosophie explique tout ; mais n'allons pas encore si vite, nous pourrions tout perdre pour vouloir tout gagner.

Nous sommes encore loin du but que M. Cousin a montré à nos regards. Il nous a promis, en quelques leçons, *l'humanité toute entière et l'histoire*

---

(1) Voir l'*Essai sur l'histoire de la philosophie en France au dix-neuvième siècle*, par Damiron.

générale de la philosophie : ne nous décourageons pas ; nous parviendrons peut-être à saisir sa pensée. Sa quatrième leçon paraît la contenir, et elle mérite une attention toute particulière. Il y expose et la *méthode* à suivre par un historien de la philosophie, et les *principes* ou les vérités qui nous apprennent que les mouvemens de l'humanité ne sont pas une vaine fantasmagorie ; qu'ils ont leurs lois; qu'ils se produisent dans un ordre que nous comprenons comme *nécessaire*, et digne, en tout, de celui qui a disposé les choses avec poids et mesure.

« La philosophie est à l'humanité ce que l'huma-
« nité est à la nature ; de même, ce que l'histoire
« de l'humanité est à l'histoire de la nature, l'his-
« toire de la philosophie l'est à l'histoire de l'huma-
« nité. Une grande pensée aussi, une pensée divine
« est dans le monde physique, mais elle y est sans
« se connaître elle-même ; ce n'est qu'à travers les
« différens règnes de la nature, et par un travail pro-
« gressif, qu'elle arrive à la conscience d'elle-même
« dans l'homme ; là, elle ne se connaît d'abord que
« bien imparfaitement, et c'est encore de degrés en
« degrés, et pour ainsi dire de règne en règne, et
« par le travail progressif de l'histoire, qu'elle par-
« vient non-seulement à la conscience, mais à l'in-
« telligence pleine et entière d'elle-même. Cette
« intelligence absolue et adéquate de la pensée par
« elle-même, c'est l'histoire de la philosophie. »
Nous ne comprenons pas assez ce début, pour ju-

ger de la justesse de la proportion qu'il contient. Quant à l'*intelligence absolue et adéquate de la pensée par elle-même*, nous avions cru jusqu'ici qu'elle était, non pas l'*histoire de la philosophie*, mais la *philosophie elle-même*; nous étions sans doute dans l'erreur, ou notre langue était mal faite. M. Cousin nous dira-t-il que, pour avoir une *intelligence absolue et adéquate de la pensée*, il faut que la pensée se soit déjà développée, et que, les développemens de la pensée se trouvant résumés dans les divers systèmes philosophiques, ce n'est qu'en les ayant sous les yeux qu'on peut la comprendre pleinement? Nous sommes de son avis; mais nous en concluons seulement que l'histoire de la philosophie doit être consultée et méditée par celui qui veut connaître la nature humaine et posséder cette science que nous appelons *philosophie*. Si notre observation n'est pas fondée, on conviendra au moins, nous le disons encore, qu'il importe à M. Cousin de faire un peu plus d'attention à son langage. Il va nous dire tout à l'heure que la première qualité d'un historien de la philosophie, c'est l'*amour de l'humanité*. Nous le conjurons par cet amour de l'humanité d'avoir un peu plus d'égard pour notre faiblesse; et, puisqu'il ne peut pas en un instant accommoder à lui les intelligences de ses lecteurs, qu'il fasse quelques efforts pour s'accommoder à elles.

La conséquence de ceci, poursuit M. Cousin, est que l'histoire de la philosophie est à la fois une histoire spéciale et une histoire très générale. Elle est spéciale, car elle retrace le développement d'un élément spécial de la nature humaine, la *raison*. Sous ce rapport, elle a ses événemens à elle, ses lois particulières, son mouvement qui lui est propre. Mais comme le développement de la *raison* présuppose le développement de tous les autres élémens de la nature humaine, l'histoire de la philosophie présuppose toutes les autres branches de l'histoire, l'histoire de l'industrie, de l'art, etc., etc. Elle n'a pas pour objet les événemens diplomatiques ou militaires, la législation, les arts, le culte de tel ou tel peuple, mais de reproduire le mouvement général de l'humanité, dans lequel se rencontrent toutes les législations, tous les systèmes d'art, toutes les religions. Ce grand mouvement de l'humanité n'est que l'application de la *raison* à des objets divers. La *raison* domine toutes ces applications. — Donc, connaître les *lois de la raison* elle-même, c'est connaître le dernier mot, c'est avoir la clef de tout ce qui est humain. Un historien de la philosophie ne doit donc rien ignorer. Il n'y a pas jusqu'à la constitution du globe, jusqu'à la géographie physique, qui ne soit dans son domaine : n'est-elle pas en effet le théâtre de l'humanité? Mais qui réalisera cet idéal de l'histoire de la philosophie? Quel est celui qui, n'étant étranger à aucun des faits dont se compose l'immense histoire de l'humanité et les dominant par la pensée, sera capable de découvrir leur ordre véritable, et qui, puisant cet ordre à sa source unique, dans l'intelligence des élémens constitutifs de l'humanité, prophétisera en quelque sorte, du sein de ce monde invisible de la conscience, les événemens du monde extérieur de l'histoire? Il ne faudrait pas moins que Leibnitz, et encore Leibnitz au sommet du dernier siècle de l'humanité. M. Cousin détourne les yeux de cet idéal de l'historien de la philosophie, et n'ose envisager qu'une seule des qualités qui lui sont nécessaires; mais celle-là, il la regarde en face très volontiers, parce qu'elle n'est pas seulement une qualité de l'esprit, mais une qualité morale qu'il ne faut jamais perdre de vue dans la science et dans la vie. Il veut parler de *l'amour de l'humanité*, qui nous porte à accepter la nature humaine telle qu'elle est, et à la prendre par tous ses côtés. Chacun en trouve tous les élémens dans sa *conscience*. Qu'il s'étudie long-temps lui-même, et, après qu'il se sera exercé à comprendre l'humanité telle qu'elle se révèle à sa *conscience*, il pourra l'étudier en grand dans l'histoire, dans la *conscience* du genre humain, sans craindre de succomber à des préjugés fanatiques d'un genre ou d'un autre; enfin, qu'il ne perde jamais de vue la belle maxime : *Homo sum, et nihil humani a me alienum puto.*

Nous n'avons pas été surpris de rencontrer ici cette observation (*applaudissemens*). La fin de cet alinéa, que nous abrégeons beaucoup, est bien pensée, bien écrite, et honore tout à la fois et le professeur qui sait faire de si belles applications, et la jeunesse qui est capable de les comprendre, mieux encore de les sentir. — Vient ensuite l'exposition de ce que M. Cousin se propose de faire dans les leçons suivantes : esquisser le théâtre de l'histoire ou la géographie physique; mettre sous les yeux de ses auditeurs les principaux événemens qui remplissent l'histoire ordinaire ; rappeler les grandes institutions politiques, les formes diverses des gouvernemens qui ont passé sur les sociétés humaines, les religions qui ont civilisé le monde, les arts qui l'ont embelli ; et, après avoir parcouru tous ces degrés du développement humain, aborder le dernier et le plus élevé de tous, la *philosophie;* s'y arrêter et recueillir soigneusement les lumières qui doivent éclairer tout le reste. — Il nous semble, si nous saisissons bien la pensée de M. Cousin, que tenir de si magnifiques promesses, qui ne peuvent pas ne pas commander l'attention, ne tend à rien moins qu'à réaliser cet idéal de l'histoire de la philosophie qui, il n'y a qu'un instant, semblait lui inspirer une juste défiance. Nous qui sommes intimement persuadés que la connaissance de l'homme réduite à n'être qu'un exposé méthodique et lumineux de tous les faits de conscience tels qu'ils se produisent, non pas à l'aurore, mais dans le plein développement de la vie intellectuelle et morale, n'est pas encore une science faite au gré des philosophes eux-mêmes nous qui ne pouvons ignorer combien il est difficile

de découvrir, non pas les *rapports nécessaires* des faits qui remplissent l'histoire universelle, ou l'ordre dans lequel ils ne pouvaient pas ne pas se produire, mais tout simplement les *rapports contingens*, l'ordre dans lequel ils se manifestent constamment; nous enfin, qui avons un penchant très prononcé à penser, avec M. Royer-Collard, « que si la méta-
« physique transcendante est la science des princi-
« pes des choses, elle réside dans le sein de la divi-
« nité, et que nous n'avons que son ombre sur la
« terre, » il nous est bien permis de douter que M. Cousin puisse tenir parole. Au reste, poursuivons, pour ne pas nous laisser aller à une défiance peut-être mal fondée, et tenons-nous en garde même contre le doute, lorsqu'il est défavorable au talent.
— Quelle *méthode* suivra l'historien de la philosophie? — M. Cousin regarde comme à peu près impraticable la *méthode expérimentale* ou *l'analyse*, qui consiste à constater et à décrire les faits ou les divers systèmes philosophiques; à chercher leurs rapports; et, après avoir tiré des lois de ces rapports, à déterminer, avec ces lois, l'ordre et le développement entier de l'histoire de la philosophie. Cette méthode est à peu près impraticable, parce qu'elle ne suppose aucun résultat; qu'il n'y a pour elle, à l'entrée de la carrière, aucune *époque*, c'est-à-dire qu'elle ne peut pas même présenter d'abord un certain nombre de systèmes et d'écoles ramenés à un point de vue général. *L'empirisme*, en abordant

l'histoire, ne peut pas y transporter des résultats qu'il n'a pas encore obtenus; autrement, il marcherait *à priori,* croyant marcher *à posteriori.* Au lieu de classifications, d'époques et d'écoles, il n'y a devant cette méthode, à son début, que trois ou quatre mille ans remplis par des milliers de systèmes, parmi lesquels il faut qu'elle s'oriente comme elle pourra. Dira-t-on que, si elle met à ses pieds le préjugé des époques et des écoles conventionnelles, elle prendra sur la foi du genre humain les grands systèmes qui ont fait du bruit dans le monde? Cela est encore un préjugé. *Le genre humain est une grande autorité, sans doute; mais qui vous dit qu'il a bien distribué la gloire?* Qui vous dit que Posidonius le stoïcien ne mérite pas la même attention que Zénon? — D'où M. Cousin conclut que *l'empirisme* réduit, pour arriver à des résultats généraux, à rechercher péniblement tous les détails, sans en oublier aucun, aurait besoin de plusieurs siècles; et, comme nul homme ne peut compter sur une pareille destinée, il faut s'adresser à une autre méthode.

Avant d'aller plus loin, n'y a-t-il pas ici quelque exagération? Sans prétendre mettre fin au débat qui divise les partisans de la méthode *empirique* ou *à posteriori,* et ceux de la synthèse ou méthode *à priori;* débat qui tient à la question qui revient toujours et que nous avons signalée comme capitale en philosophie; sans nous constituer le défenseur de la méthode de Condillac, à laquelle il n'a pas toujours été fidèle, et qui l'aurait mis en garde contre les erreurs dans lesquelles il est tombé, ne pourrait-on pas répondre à M. Cousin : « La nature indique elle-même l'ordre dans lequel nous devons étudier les objets que nous voulons connaître. Il y en a qui appellent plus particulièrement les regards ; ils sont plus frappans, ils dominent, et tous les autres semblent s'arranger autour d'eux, pour eux. Voilà ceux qu'on étudie d'abord ; et, quand on a remarqué leur situation respective, les autres se mettent dans les intervalles, chacun à leur place. » Pourquoi, en suivant ce précepte de Condillac, n'aboutirait-on pas promptement à quelque chose de lumineux dans l'étude des divers systèmes des philosophes ? Si une époque philosophique se réduit à un rapport de ressemblance observé entre plusieurs écoles ; si une école n'est qu'un certain nombre de systèmes où l'on trouve des rapports communs et des indices d'une même origine, pourquoi n'arriverait-on pas, en conduisant son esprit comme l'indique Condillac, à distribuer méthodiquement l'ensemble des doctrines philosophiques ? Ne sait-on pas que les ressemblances sont les premiers objets qui captivent notre attention ? Nous sommes d'abord plus frappés des ressemblances que des différences : aussi les enfans généralisent-ils avec la plus grande facilité. Ces généralisations, sans doute, se bornent plutôt à l'application d'un nom commun à plusieurs choses qui se ressemblent, qu'à une connaissance approfondie de ces ressemblances; mais toujours est-il qu'ils en sont d'abord frappés, qu'ils commencent par elles, sauf à les mieux étudier plus tard pour savoir si elles étaient plus apparentes que réelles, et à remarquer aussi les différences à mesure qu'ils sentent le besoin de les connaître et de faire des classes subordonnées. Voilà donc un point de départ qui s'offre naturellement à l'observation, qui ne dispense pas sans doute d'étudier les détails, mais qui met de l'ordre dans nos recherches. Ces détails, il faudra toujours les étudier, soit qu'ils vous servent de point de départ pour vous élever à des vues générales, soit que, partant de vues générales, vous descendiez aux faits pour savoir s'ils y sont compris et s'ils se lient facilement à l'application que vous voulez en faire.

Pour changer de point de vue, qui empêcherait l'observation de se porter d'abord sur les systèmes qui ont le plus agité les hommes, qui ont acquis le plus de gloire à leurs auteurs, et qui, par cela même, commandent l'attention tout d'abord? Serait-ce parce que le genre humain, selon M. Cousin, peut avoir mal distribué la gloire? Mais, sans avoir besoin de nous prononcer sur cette question, il nous semble que M. Cousin lui-même a répondu sans hésiter (dixième leçon) : « Accuser la gloire, c'est accuser « l'humanité qui la décerne. — Qu'est-ce que la gloire? « le jugement de l'humanité sur tous ses membres. « Or l'humanité a toujours raison. En fait, citez-moi

« une gloire imméritée ; c'est impossible : car on n'a
« de la gloire qu'à la condition d'avoir beaucoup fait,
« d'avoir laissé de grands résultats. Les grands ré-
« sultats ne se contestent pas; la gloire qui en est
« l'expression ne se conteste pas non plus. Elle est
« un fait aussi clair que le jour; le jugement de l'hu-
« manité et le jugement en dernier ressort. » — Si
l'analyse telle que la décrit l'école empirique est à
peu près impraticable, convenons au moins que les
raisons qu'en donne M. Cousin ne sont pas très so-
lides.

« Allons plus loin, poursuit M. Cousin, je suppose que par l'analyse expérimentale nous soyons
arrivés à une certaine reconstruction des différentes
écoles, et par là, à une certaine reconstruction d'époques fondamentales, et que nous soyons en possession de tous les faits de l'histoire de la philosophie,
classés et distingués entre eux, où en serons-nous ?
Nous saurons que l'Orient n'est pas la Grèce, etc.
— Eh bien ! cela nous suffit-il ? Suffit-il de savoir que
telle époque a précédé telle autre, et que telle autre
a suivi ? La raison ne veut-elle pas savoir pourquoi
ce qui a précédé a précédé; ne veut-elle pas comprendre les faits dans leurs causes et les rapporter
à leurs lois dernières, c'est-à-dire à quelque *chose
de nécessaire?* » Ceci a besoin d'explication. D'abord
M. Cousin, qui a supposé gratuitement que l'analyse
de Condillac était à peu près impraticable pour trouver les époques et les écoles philosophiques, sup-

pose encore ici qu'elle serait à plus forte raison impraticable pour rendre raison d'un fait. Si par rendre raison d'un fait, il entend autre chose que résoudre ce fait dans un fait antérieurement connu, celui-ci dans un autre encore plus général, jusqu'à ce qu'enfin on soit remonté à un fait dont il n'est plus possible de donner d'autre raison que la constitution même de la nature, ce qui se réduit à faire l'aveu de son ignorance, et, selon l'expression de M. Royer-Collard, à la *dériver de sa source la plus élevée*. M. Cousin ne se trompe pas. D'un certain nombre de cas particuliers, comparés entre eux, abstraire quelque chose de commun qui s'offre constamment aux yeux de l'observateur, et qui donne ce que nous appelons une loi de la nature; partir de ce fait général ou de cette loi, et conclure par analogie qu'elle s'applique à d'autres faits qu'il ne nous est pas toujours possible d'observer entièrement, sauf à chercher ensuite les moyens de faire des expériences qui confirment ou détruisent nos suppositions : l'analyse expérimentale peut tout cela, mais elle ne peut rien de plus, et rien de plus n'est possible dans les sciences en *matière contingent*. Or, la connaissance du mouvement de l'humanité dans l'espace et le temps n'est pour nous qu'une série de *faits contingens*. Nul doute que, si nous pouvions pénétrer plus avant dans la nature des choses, nous comprendrions non-seulement que telle chose a été cause de telle autre, mais encore que celle-ci posée, celle-là *ne pouvait pas ne pas être*, et qu'il répugnait que l'*intelligence infinie* qui a ordonné l'univers disposât les choses autrement; mais cette connaissance, cette *philosophie transcendante* ne réside-t-elle pas dans le sein de la divinité? M. Cousin ne le croit pas. Il l'avait déjà dit formellement dans un morceau sur la philosophie de l'histoire (Fragmens philosophiques), que nous abrégeons, mais que nous citons sans altération aucune : « Vous connaîtriez « tout ce qui s'est passé parmi les hommes; nul « peuple, nulle cause, nul historien ne vous aurait « échappé, vous ne sauriez rien encore. » — Que faut-il donc savoir? « Il faut connaître le rapport du « réel au vrai en soi, à l'absolu. C'est par le rapport de « ce qui arrive avec ce qui doit arriver, que ce qui « arrive arrive parce qu'il doit arriver. » Certainement une telle ambition dans la recherche de la vérité décèle une ame peu commune, peu satisfaite des jouissances que goûte le vulgaire dans la simple connaissance des causes secondes; elle rappèle involontairement cette soif brûlante qui dévorait Pascal, et qui sans doute abrégea sa vie. Élan sublime, qui malgré l'étrangeté d'expression dont M. Cousin revêt quelquefois les sentimens les plus nobles, nous émeut profondément; que nous souhaitons, mais que nous désespérons de voir récompensé par de si hautes révélations.—Toutefois, cherchons à comprendre comment M. Cousin a tenté une si audacieuse entreprise. — Puisque la *méthode expérimen-*

tale ne saurait nous donner la raison dernière des faits de l'histoire universelle, il reste que nous nous adressions à une autre méthode. Qui est en jeu dans l'histoire ? l'*humanité*. Si nous parvenons à connaître pleinement tous les élémens essentiels de l'humanité, à saisir, sinon tous les rapports, du moins leurs rapports généraux et fondamentaux, armés de ces *rapports nécessaires, de ces lois qui dérivent de la nature des choses,* nous pourrons ensuite nous adresser aux choses qui nous offriront en *réalité* ce que nous tenons primitivement de la *raison* et de la *conscience,* à moins que la nature ne s'abdiquât elle-même. — Cette méthode a ses inconvéniens : elle peut imposer un *système* incomplet à l'histoire. M. Cousin va au-devant de l'objection, et signale dans des expériences à faire, dans la *méthode à posteriori*, le contre-poids des écarts de la spéculation. Ainsi, dit-il, nous arriverons quelque part ; nous n'aurons plus seulement des systèmes, des écoles, des époques pour ainsi dire juxtaposées dans le temps, de la simple chronologie ; nous aurons de la chronologie dans un cadre supérieur : ce ne sera pas un système abstrait *à priori*, ni une simple chronologie *à posteriori*, ce sera un système réalisé, l'alliance de l'idéal et du réel, quelque chose enfin de raisonnable. Toutes les pensées de M. Cousin sont ici bien exprimées, habilement enchaînées ; et, supposée la possibilité de prendre pour point de départ, non pas des lois expression de *vérités contingentes,* de ce qui est, du *fait*, et que *l'analyse expérimentale* peut faire sortir du sein de la *conscience* et de *l'histoire*, mais des lois expression de *vérités nécessaires*, de ce qui ne peut pas ne pas être, du *droit*, nous n'avons que des éloges à donner à M. Cousin.—Au reste, comme il applique sa méthode, élançons-nous avec lui vers ce *monde des idées* que les choses *représentent*, et voyons comment, à une si grande hauteur, il nous sera possible de dérober la lumière qui doit éclairer de ses rayons tout ce qui se passe ici-bas.

M. Cousin, ce nous semble, paraît supposer d'abord que la *raison* seule, ou *l'élément philosophique* est en jeu dans les affaires humaines, et que les lois de la raison une fois connues, ce qui est obscur dans l'histoire de la religion, de la législation, de l'art, etc., sera éclairé de sa lumière. Si telle est sa pensée, nous ne sommes pas de son avis. Sans doute la *raison* se mêle toujours plus ou moins à tout ce que produit un être raisonnable, pourvu qu'on veuille faire une large part aux appétits les plus brutaux, aux passions et à l'imagination. Il y en a même qui sont disposés à croire qu'elles décident presque toujours de toutes choses : il ne serait pas raisonnable d'aller jusque là.

Qu'est-ce que la raison humaine pour M. Cousin ? Quelles sont, ni plus ni moins, les *idées fondamentales* qui président à son développement? Ici M. Cousin nous avertit qu'il n'improvise pas, et que sous ses

paroles sont de longues et de pénibles recherches.
— Aristote a tenté de décrire ces lois sous le titre si célèbre et si décrié de *Catégories*; Kant, se servant à peu près du même dictionnaire, a renouvelé cette laborieuse entreprise. M. Cousin les a réduites de beaucoup, et a tenté de saisir leurs *rapports essentiels*. — S'agit-il de la *quantité discrète*, ou des nombres? ces catégories, *ces lois à priori* se réduisent aux idées *d'unité* et de *multiplicité*. — De la *quantité continue*, ou de l'espace? aux idées d'un *espace limité*, et d'un *espace absolu* et sans limite. — De l'*existence?* aux idées d'*existence absolue* et d'*existence relative*. — De la *durée?* aux idées du *temps déterminé*, et du *temps en soi*, ou de l'*éternité*. — Des *formes?* aux idées de *fini* et d'*infini*. — Du *mouvement et de l'action?* aux idées de *cause absolue* et de *cause relative*. — Des *phénomènes* intérieurs et extérieurs? aux idées de *phénomène* et de *substance*. — De la *pensée?* aux idées de *pensées relatives* à ceci ou à cela, et du *principe de la pensée en soi*. — Du *monde moral?* aux idées de *fini* et d'*infini*, qui viennent s'offrir ici sous les expressions *parfait* et *imparfait*, *beau réel*, *beau idéal*, la *vertu* avec les misères de la réalité, ou le *saint* dans sa hauteur et dans sa pureté non souillée. Monde extérieur, monde intellectuel, monde moral, tout est soumis à ces deux *idées*; et, puisque les *choses représentent les idées*, ces idées s'impriment en quelque sorte sur tout ce qu'il est possible à l'homme de concevoir et de réaliser. Cette

division des *idées* est, dans un point de vue plus circonscrit, le reflet de la division en *idées contingentes* et en *idées nécessaires*, et qu'on pourrait se représenter sous la formule de l'*un* et du *multiple*, de la *substance* et du *phénomène*, de la *cause absolue* et des *causes relatives*, du *parfait* et de l'*imparfait*, du *fini* et de l'*infini*. Une analyse savante identifiant tous les premiers termes entre eux, l'*unité*, l'*immensité*, etc., etc., d'un côté ; et de l'autre, la *multiplicité*, etc., etc., toutes les propositions que nous avons énumérées se réduisent à une seule, à l'opposition du *fini* et de l'*infini*, qui peut se traduire par toutes les autres, par l'*un* et le *multiple*, etc.

— Quel est le rapport de ces deux termes dans l'ordre de la connaissance, ou, comme le disent les scholastiques, *ratione cognoscendi?* Ces deux idées sont contemporaines dans l'intelligence ou dans la raison ; en d'autres termes, à l'instant même où l'observation nous montre un objet *fini multiple*, etc., nous avons la conception subite de l'*infini*, de l'*un*, etc. et c'est par l'opposition de l'un et de l'autre que nous les comprenons clairement et distinctement.

— Quel est le rapport de ces deux termes considérés *dans l'essence?* L'*infini*, l'*un* sont supérieurs et antérieurs au *fini* et au *multiple*; mais une fois posés, l'*infini*, l'*un*; le *fini* et le *multiple*; ils ne peuvent être isolés dans notre pensée. Il est de l'essence de ce qui est *infini*, *un*, en même temps que *cause absolue*, de se développer en tant que *cause absolue*, en *fini*, en *multiple*, etc. : de là, la *possibilité* et la *nécessité* de la création. — M. Cousin fait remarquer ici le vice de la théorie de Kant, qui, posant l'*infini*, l'*unité* d'un côté, et le *fini*, la *multiplicité* de l'autre, sans avoir sondé leurs rapports, les place dans une opposition telle que le passage de l'un à l'autre semble impossible. Mais, pour le redire encore, l'*un* et l'*infini* ne sont pas seulement l'*un* et l'*infini*, ils sont encore *cause* et *cause absolue*, et, comme tels, ils ne peuvent pas ne pas se développer; sans cela le monde serait impossible. Posez-les comme *cause absolue*, la création n'est pas seulement *possible*, elle *ne peut pas ne pas être*.

Telles sont, à peu de chose près, les idées fondamentales de M. Cousin dans son *Introduction à l'Histoire de la Philosophie platonicienne* (1). Connaître la *méthode* d'un philosophe et ses *principes*, c'est l'avoir pénétré tout entier. Dans les leçons qui suivent

---

(1) M. Cousin, au lieu d'exposer la philosophie platonicienne comme il l'avait promis, prend pour objet de ses leçons, cette année, la philosophie du dix-huitième siècle, *avec laquelle il faut en finir*. D'après son introduction, il est facile de prévoir comment il envisagera le dix-huitième siècle; ce qu'il y cherchera, et ce qu'il chercherait également dans une époque quelconque de l'histoire de la philosophie. Ses *idées* sont bien liées, et si bien liées, que si son introduction ne contient pas les *vrais principes*; si sa *méthode*, qui n'a rien de neuf que la manière singulière avec laquelle il l'expose, était, après mûr examen, jugée impraticable et dangereuse, il ne resterait bientôt de ses leçons que le souvenir d'un beau talent qui s'est consumé dans une tentative hardie, gigantesque, et qui confirmerait par un exemple de plus combien les *idées à priori* de Kant, en supposant même qu'elles soient *à priori*, ne peuvent conduire à rien, et que la philosophie de l'esprit humain sera *stationnaire ou rétrograde*, tant qu'elle ne procédera pas en s'appuyant sans cesse sur l'*induction de Bacon*, ou la *méthode expérimentale*.

ses catégories, ou plutôt sa *loi unique*, revient toujours, soit qu'il la considère dans le rapport qu'elle a avec les *lieux*, avec le théâtre sur lequel elle se résout en applications, avec la constitution physique du globe; soit qu'il l'applique successivement à *Dieu*, à *la nature* et à *l'humanité*. — M. Cousin n'aurait-il fait jusqu'ici que tourmenter des *abstractions stériles*? Son travail sur les catégories de Kant se réduit-il à accoutumer la jeunesse à se payer de mots, à *s'imaginer*, comme l'observe l'école de Port-Royal, qui n'était pas à beaucoup près *sensualiste*, *qu'elle sait toutes choses lorsqu'elle n'en connaît que des noms arbitraires, qui n'en forment dans l'esprit aucune idée claire et distincte?* Ses leçons se réduisent-elles à nous apprendre comment on peut classer les choses qu'on savait déjà, ou allument-elles le flambeau avec lequel nous découvrirons le fond jusqu'alors inconnu de l'histoire universelle? Nous attachons trop peu d'importance à notre opinion; elle n'est peut-être pas assez arrêtée sur certaines questions, pour que nous nous prononcions définitivement. Dix ans d'enseignement, même dans la poussière des colléges, ne peuvent pas ne pas donner un peu de *sagesse*; d'ailleurs, M. Cousin en nous prévenant qu'il n'improvise pas ici, et qu'il a long-temps médité sa parole, nous avertit de nous tenir en garde contre des jugemens précipités et téméraires. Son caractère, sa bonne foi, et la pureté de nos intentions, tout nous en fait un devoir. En attendant de nouvelles lumières; tout en reconnaissant dans cette introduction un esprit habitué à généraliser ses idées et surtout une imagination prodigue de figures dont le tort est souvent de *matérialiser* des pensées aussi *spirituelles*, si l'analogie nous permet un tel langage, nous ne pouvons que recommander à nos collègues et au public philosophique malheureusement très peu nombreux, de s'occuper sérieusement des questions de M. Cousin, questions souvent agitées avant lui, et, jusqu'à présent, toujours rejetées comme improductives. Si sa doctrine est l'expression fidèle de la vérité, comme la vérité se fait jour tôt ou tard, de gré ou de vive force, elle pénétrera dans l'enseignement sous des formes plus simples et plus naïves. Dans le cas contraire, M. Cousin doit reconnaître lui-même que nous aussi nous remplissons un devoir, en en signalant les dangers. Nous serons les premiers à proclamer combien nous lui devons, le jour où il nous aura démontré qu'avec un très petit nombre d'idées qui nous seront devenues familières, nous aurons la clef de toutes les choses qui nous avaient paru jusque là si mystérieuses, si impénétrables, et que Pascal aurait dit *fuir d'une fuite éternelle* les regards de l'homme (1).

(1) Nous exhortons le public philosophique à faire une étude particulière du *Traité des Systèmes* de Condillac, et des chapitres 7 et 8, t. I, de l'ouvrage de Portalis (*De l'usage et de l'abus de l'esprit philosophique du dix-huitième siècle*).

FIN.

www.ingramcontent.com/pod-product-compliance
Lightning Source LLC
LaVergne TN
LVHW020948090426
835512LV00009B/1765